INSTRUCTION PUBLIQUE.

FACULTÉ DE DROIT DE STRASBOURG.

DISSERTATION

SUR LA PUISSANCE PATERNELLE

CHEZ LES PEUPLES ANCIENS,

ET PRINCIPALEMENT CHEZ LES ROMAINS;

SUIVIE

DE THÈSES SUR LE DROIT CIVIL FRANÇOIS;

ACTE PUBLIC

*Soutenu à la Faculté de Droit de Strasbourg, le Mardi
10 Juin 1817, à quatre heures de relevée,*

POUR OBTENIR LE GRADE DE LICENCIÉ EN DROIT,

PAR

CHARLES DRION,

BACHELIER ÈS LETTRES ET EN DROIT,

DE BARR (DÉPARTEMENT DU BAS-RHIN).

STRASBOURG,

De l'imprimerie de LEVRAULT, impr. de la Faculté de Droit.
1817.

A

MON PÈRE:

AMOUR FILIAL, RECONNOISSANCE.

A MES ONCLES,

FRANTZ, KAMMERER,

VIERLING:

RESPECT, DÉVOUEMENT, AMITIÉ INALTÉRABLES.

CHARLES DRION.

M. Hermann, Chevalier de l'Ordre royal de la Légion
d'Honneur, Doyen de la Faculté de Droit.

EXAMINATEURS:

MM. Hermann,
     Frantz,
     Thieriet de Luyton,
     Bloechel, Suppléant.

Professeurs.

*La Faculté n'entend approuver ni désapprouver les opinions
particulières aux Candidats.*

AVANT-PROPOS.

Le sujet que j'avois entrepris de traiter, étoit intitulé : *Tableau historique des droits attachés à la puissance paternelle, tant chez les peuples anciens que modernes.* Ce sujet étant extrêmement vaste et rempli de difficultés, j'ai été obligé, quant à présent, de me contenter d'en traiter une partie seulement. En conséquence, j'ai choisi le Droit romain, me réservant de compléter ce tableau quand un jour il me sera permis de soutenir une thèse pour le doctorat. On ne sera donc point surpris de ne me voir traiter ici que du Droit romain. Cette partie est assez intéressante pour arrêter quelques momens l'attention de celui qui, sans vouloir ôter le moindre mérite à notre Droit actuel, voit cependant la source de presque toutes les législations européennes dans le premier.

ESSAI

SUR LA PUISSANCE PATERNELLE,

CHEZ LES PEUPLES ANCIENS ET MODERNES.

Patria potestas in pietate, non in atrocitate,
debet consistere.
(*L. 5, ff. ad leg. Pomp. de parricid.*)

INTRODUCTION.

§. 1.er

Définition.

La puissance paternelle, en droit civil, est l'ensemble des droits qui compètent aux parens sur la personne et les biens de leurs enfans.

« Les lois de l'éducation, dit l'auteur de l'Esprit des lois, sont « les premières que nous recevons, et comme elles nous prépa- « rent à être citoyens, chaque famille particulière doit être gou- « vernée sur le plan de la grande famille, qui les comprend toutes. [1] » Par ce peu de mots il a tracé les règles qui doivent guider le législateur intentionné de donner des lois sur la puissance paternelle.

De tout temps et dans tous les pays, les lois ont accordé plus ou moins de droits aux parens sur leurs enfans, et l'étendue de ces droits varie suivant les degrés de civilisation, le gouvernement et le climat. C'en seroit peut-être assez pour prouver que la puissance

---

[1] Livre 4, chap. 1.er

paternelle est indispensable dans tout État ; cependant il y a eu des savans, modernes surtout, qui ont tenté de la faire proscrire, comme contraire aux principes naturels, et comme monstrueuse dans les états civilisés. Avant de passer au développement des lois rendues sur cette matière, je tâcherai de réfuter succinctement les argumens qu'ils ont avancés, et de développer les causes qui ont produit cette différence si remarquable dans les législations anciennes et modernes, concernant les droits et obligations des parens.

§. 2.

La puissance paternelle existe-t-elle dans le droit de la nature ?

Pour bien envisager cette question, il faudra, en premier lieu, fixer son attention sur ce qu'on entend par l'expression de droit de la nature. Sans en avoir préalablement déterminé la définition et le principe général, nous ne pourrons jamais raisonner sur la question proposée, qui doit tirer ses preuves de la définition même. [1]

Presque tous les auteurs qui jusqu'ici ont écrit sur le droit naturel, en ont donné de différentes, et souvent, en apparence au moins, de contradictoires. Voyons-en quelques-unes.

Le droit naturel, selon Montesquieu, est le droit en usage chez les hommes avant l'établissement des sociétés [2]. Les différentes lois fondamentales qu'il en tire, sont : le désir de la paix, la re-

---

[1] L'examen de cette question peut paroître suranné à quelques-uns, après tout ce qui a déjà été dit sur ce sujet. Cependant je n'ai pas cru pouvoir me dispenser de m'y arrêter, d'autant plus que les idées sont encore peu fixées sur cette matière, et que, pour parler conséquemment, il faut, avant tout, connoître les principes et remonter à leur source.

[2] Esprit des lois, liv. 1.er, ch. 2.

5

cherche de la nourriture, le rapprochement des deux sexes, le besoin de vivre en société, et l'idée d'un Dieu.

Suivant GROTIUS, ce droit consiste dans certains principes de la droite raison, qui nous font connoître qu'une action est moralement honnête ou déshonnête, selon la convenance ou la disconvenance nécessaire qu'elle a avec une nature raisonnable et sociale, et qui, par conséquent, nous enseignent que Dieu, qui est l'auteur de la nature, ordonne ou défend telle ou telle action.[1] PUFFENDORF est à peu près du même avis[2]. BURLAMAQUI définit la loi naturelle, une loi que Dieu impose à tous les hommes, qu'ils peuvent découvrir et connoître par les seules lumières de leur raison, en considérant leur nature et leur état.[3]

Si nous analysons ces définitions diverses, nous trouverons qu'elles se réduisent à peu près toutes à déduire le droit naturel des principes de la saine raison, et quoique la plupart d'entre elles semblent confondre ces principes avec ceux de la morale et de la religion, elles conviennent au moins que le droit naturel doit tirer son origine de la même source que la morale.

Cette source n'est autre que la saine raison, c'est-à-dire, la faculté naturelle dont Dieu a pourvu les hommes pour leur faire connoître la vérité, et qui doit diriger leurs intentions et leurs actions.

De là naissent deux branches de doctrine : *la morale*, qui nous apprend ce que nous avons à faire pour vivre en paix avec notre

---

1 *De jure belli ac pacis*, l. 1, c. 1.

2 *De jure naturæ et gentium.*

3 Principes du droit naturel, Genève, 1747, in-4.°, part. 2, *des lois naturelles.* Je ne parlerai ici ni du système de JOH. SELDENUS, qu'il expose dans son livre *de jure naturæ et gentium apud Hebræos*, où il tire le droit naturel des sept préceptes prétendus donnés à Noé; ni de celui, si connu, de THOMAS HOBBES (*de Cive*, et *Leviathan*); ni de SPINOZA, dont les vues coïncident avec celles du précédent : leurs systèmes ont été si combattus et si parfaitement réfutés qu'il ne reste plus rien à en dire.

conscience; *le droit naturel*, qui est le droit établi par les lois de la raison, et qui a pour but de diriger l'usage de notre liberté extérieure, ou nos actions, dans nos relations avec nos semblables, et de déterminer ce que nous avons à faire à leur égard pour ne pas les troubler dans l'exercice légal de leur liberté.

Le droit naturel n'a donc rapport qu'à nos devoirs extérieurs (*for extérieur*, *Rechtspflichten*), en un mot, à nos actions; tandis que la morale règle les devoirs intérieurs (*for intérieur*, *Gewissens- oder Tugendpflichten*). [1]

La dénomination de *droit de la nature* est, à mes yeux, celle qui convient le moins à ce droit; c'est la *philosophie du droit*, le *droit de la saine raison par rapport à nos actions*, et non pas le droit de la nature. Dans ce cas, la définition des Romains seroit la plus juste et la plus sensée : *jus quod natura omnia animalia docuit*. Ce qu'il y a de *naturel* dans l'homme, il l'a de commun avec les animaux. Les Romains, croyant avoir puisé leur droit positif dans la saine raison, ont appelé *jus civile* ce que les modernes auroient appelé *jus naturæ*, c'est-à-dire, lois puisées dans la saine raison et exclusivement applicables aux hommes; dénomination dont l'emploi paroît excusable quand on réfléchit que les Romains étoient persuadés que tous les hommes vivoient dans une société semblable à la leur, et que leur législation étoit la meilleure possible.

Agis toujours en sorte que tes actions ne compromettent pas la liberté de tes semblables : voici le principe fondamental du droit de la saine raison, celui sur lequel se fondent tous les autres, comme autant de conséquences; et c'est de ce principe que plusieurs auteurs, tels que M. Hugo, savant professeur de l'université de Gœttingue, veulent déduire la non-légitimité de la puissance paternelle.

---

1 *Die Hauptlehren der philosophischen Rechtslehre*, von Snell; Giesen, 1807, erste *Abtheilung*, S. 22.

Voici leurs argumens : [1]

« Tout homme naît libre et jouit des mêmes droits que ses con-
« citoyens. Pourquoi donc soumettre un individu indépendant à
« la puissance, à la tyrannie peut-être, d'un père qui ne l'est que
« par l'effet du hasard ? L'acte de la génération sera-t-il un titre
« suffisant pour asservir un fils plein de talens et de vertus aux
« caprices de l'homme peut-être le plus méprisable, le plus vil ? »
« Il est constant, continue M. Hugo, que cette puissance n'est
« pas nécessaire pour la vie de l'enfant : donc la raison ne peut l'au-
« toriser. L'enfant qui n'a plus de père, en est-il pour cela plus
« exposé à périr, plus malheureux ? l'État, la société entière n'ont-
« ils pas contracté l'obligation de nourrir un pareil enfant et
« de lui donner une éducation convenable ? »

A la vérité, au premier abord, ces raisonnemens paroissent victorieux ; mais examinons-les d'un peu plus près. Les hommes
naissent libres et égaux : rien n'est plus vrai. Mais que leur serviront
une liberté, une égalité, dont ils ne pourront exercer les droits,
si, par la foiblesse naturelle au bas âge, ils ne peuvent se procurer les subsistances nécessaires pour soutenir une vie encore
foible et délicate, et qui a encore tant besoin de secours étrangers ? et quelles personnes pourroient être plus propres à leur
porter ces secours que leurs parens ? Ceux qui leur ont imposé
l'obligation de vivre, doivent aussi leur en offrir les moyens ;
non contens de conserver la vie de leurs enfans, ils doivent la
rendre telle qu'ils ne soient jamais tentés de préférer la mort à
une existence douloureuse et pénible.

Mais allons plus loin : supposons l'enfant déjà au-dessus de ces
besoins, donnons-lui un âge de sept à huit ans ; que deviendra-
t-il, seul, sans guide, abandonné de l'univers entier ? Il sera libre,
il est vrai : mais quel sera son sort ? Errant partout, souvent, pres-

---

[1] Hugo's *Naturrecht*, S. 74 — 78.

que toujours dans le besoin, il cherchera à se procurer sa subsistance par tous les moyens que lui suggéreront son industrie, sa force, son adresse; dans un âge plus avancé, il sera le fléau de la société qui aura le malheur d'en être chargée, et qui, enfin, lasse des troubles qu'il y fera naître à chaque instant, finira par s'en débarrasser par la juste punition de ses crimes.

Tel seroit le résultat de cette liberté tant prônée, et qui finiroit par faire cesser toute liberté.

Il en résulte que le premier devoir des parens, et par conséquent du père, comme chef de la famille, sera celui de donner une éducation convenable à son enfant; et c'est non-seulement le besoin, l'utilité de l'enfant, ce sera en même temps l'avantage de la société entière, qui lui en imposera la charge.

Mais quelle pourra être cette éducation, si l'on n'accorde pas au père les moyens de forcer son enfant à suivre les avis qu'il lui a donnés? L'enfant, voyant l'impunité de ses fautes, ne fera qu'y persévérer, et, fier d'une liberté mal entendue, il se moquera d'une puissance illusoire.

L'éducation de l'enfant étant le premier devoir du père, cette éducation ne pourra avoir lieu sans une certaine puissance, appelée puissance paternelle. De là nous tirons la conséquence, que c'est l'éducation qui confère aux parens les droits sur leurs enfans, et qu'ils sont inséparables de la qualité de père.

Cependant répondons à la deuxième objection que l'on pourroit nous faire. L'on dit : « Si cette puissance étoit véritablement né-« cessaire, que deviendroit donc l'enfant qui a perdu ses parens « en bas âge? il ne pourroit donc que devenir perturbateur de « l'ordre public? »

Mais peut-on ignorer que la *société*, à défaut de parens, a contracté l'obligation d'en remplir les devoirs? Peut-on ignorer que la puissance paternelle est exercée par elle dans toute son étendue, et que l'institution des tuteurs n'est qu'un moyen imaginé par la loi pour réparer, en quelque sorte, la perte des parens?

Tels sont les argumens qui m'ont paru être les plus propres à démontrer que l'institution civile de la puissance paternelle est fondée dans les principes de la saine raison. Il se présente maintenant encore trois questions à résoudre.

I. La puissance paternelle doit-elle naturellement appartenir aux deux époux conjointement, ou seulement à l'un d'eux?

II. Quelle est son étendue naturelle?

III. A-t-elle une durée fixée, ou ne s'éteint-elle qu'avec la mort des parens de l'enfant?

1.ᵉ QUESTION.

Comme, par l'effet du mariage, la femme passe sous l'autorité du mari, et que ce dernier est chef de la famille, ce sera nécessairement lui à qui appartiendra la décision de toutes les affaires qui concerneront les enfans issus de leur union.

Mais la femme n'aura-t-elle aucun droit? D'après mon opinion, elle aura sans doute voix délibérative dans les affaires qui concerneront ses enfans : il seroit cruel de l'en priver, puisque c'est elle principalement qui en a eu le plus de soins dans leur enfance ; puisque c'est à elle que leur naissance a causé des douleurs qui ne pourront jamais se payer que par une reconnoissance et une obéissance sans bornes de la part des enfans. Mais, comme elle se trouve elle-même sous l'autorité maritale, et que l'on peut dire qu'une éducation partagée ne seroit pas une éducation; que d'ailleurs les hommes, sous le rapport des connoissances, en général, et surtout de la connoissance du cœur humain, sont presque toujours préférables aux femmes, il s'ensuit que la voix du père devra avoir la prépondérance, et que ce sera lui qui l'emportera en cas de partage d'opinions. Cependant il est hors de doute, d'après les principes de la saine raison, qu'à la mort du mari la puissance paternelle passe de plein droit à la mère.

2.ᵉ Question.

Après avoir prouvé que ce n'est que l'éducation qui donne au père sa puissance sur son enfant, et que ce dernier, par sa qualité d'homme et de citoyen, ne peut être exposé à une tyrannie arbitraire de la part de son père, il sera facile d'en tirer la conséquence, que cette puissance ne pourra jamais, pour rester légitime, être employée à un autre but qu'à celui de l'éducation, et que toute entreprise tentée pour aller plus loin, seroit une violation des droits naturels.

Les lois positives fixent exactement les limites de la puissance des parens. En droit naturel, la seule règle que l'on pourra établir sera la suivante, que *telle doit être l'étendue de la puissance paternelle, que son exercice ne puisse nuire aux droits qu'a l'enfant à la liberté individuelle et au bonheur.*

3.° Question.

Il suit des principes que nous avons énoncés plus haut, que, quand l'éducation est terminée, les droits du père doivent cesser, c'est-à-dire, qu'il n'aura plus cette volonté absolue et ce droit illimité qu'il avoit sur l'enfant en bas âge. Naturellement les parens et les enfans conserveront toujours des droits et des obligations morales, l'un envers l'autre; cependant ces droits et ces obligations ne concernent point le for extérieur, mais bien le for intérieur.

L'on pourroit toutefois m'objecter ici que la durée de l'éducation et sa fin doivent être très-difficiles à déterminer; que cette éducation finit de bonne heure chez l'un, et qu'elle ne finit jamais chez l'autre. Je réponds, tout en admettant la justesse de cette observation, que le principe en question n'en existe pas moins en droit naturel; que c'est au droit positif à fixer une époque à laquelle l'éducation sera *censée* être achevée, et que c'est pour cela que les différentes législations ont adopté pour terme, l'une, l'âge de la puberté, l'autre celui de vingt-un ans, une troisième, enfin, celui de vingt-cinq ans.

Le droit de la saine raison, ou la législation naturelle, doit poser des principes fondamentaux, et c'est aux législateurs à les mettre autant que possible en exécution, et à les adapter aux mœurs, au climat et aux différens degrés de civilisation des peuples. [1]

§. 3.

Des causes de la diversité des législations dans la matière de la puissance paternelle.

Le législateur appelé à donner des lois à une nation, le souverain qui compose un Code de lois politiques, civiles ou criminelles, quand il se forme son plan, y porte ses vues particulières ; nous y voyons presque toujours des dispositions dont les causes dépendent, ou d'une volonté discrétionnaire, ou de motifs secrets couverts d'un voile mystérieux qu'il nous est souvent impossible de lever. Cependant, de quelque poids que puisse être pour nous cette considération, quelque empire qu'elle puisse nous paroître exercer, la raison elle-même, ce me semble, et le respect pour

---

1 GROTIUS, *de jure belli ac pacis*, I. 1.er, ch. 5, distingue trois âges dans les enfans, par rapport à la puissance paternelle.

Le premier, où, ne jouissant pas encore de l'usage de leur raison, ils peuvent déjà avoir une propriété, mais non encore en jouir et en exercer les droits.

Le second, où ils ont déjà l'usage de leur raison, mais où ils sont encore dans la maison paternelle ; il soutient qu'à cet âge les parens n'ont de droits sur eux que dans le cas où leurs actions regarderoient immédiatement la famille entière : *in hoc utroque tempore, jus regendi etiam jus coercendi amplectitur.*

Pour le *troisième âge*, comme l'enfant n'est plus dans la maison paternelle et qu'il est proprement *sui juris*, il pourra faire tous les actes qu'il jugera à propos.

la dignité de l'homme, demandent encore d'autres motifs, qui ne dépendent pas uniquement d'une volonté absolue, ou de causes inconnues à tout autre qu'à celui même qui exerce le pouvoir législatif.

Ces causes, je crois, sont communes à tous les pays, à tous les temps, et d'après leur nature elles doivent être partout les mêmes. Si donc nous parvenons à les découvrir, à les isoler entièrement les unes des autres ; si nous apprécions bien l'influence qu'elles exercent sur les lois, sur les coutumes, sur les inclinations, enfin sur tout ce qui nous environne ; nous pourrons nous expliquer la diversité souvent frappante, la contradiction apparente des lois d'une nation avec celles d'une autre, et des lois d'un même peuple à des époques différentes et souvent rapprochées.

Les lois sur la puissance paternelle varient à l'infini : chaque nation a les siennes propres et particulières ; chaque nation même change ou a déjà changé de système à cet égard. D'où vient cette diversité ? c'est là ce que nous allons chercher à expliquer.

Je crois que nous devons l'attribuer surtout à trois causes principales, quoique différentes circonstances puissent souvent y apporter des modifications variant à l'infini.

Ces trois causes sont : *la forme du gouvernement, les progrès de la civilisation, et le climat.*

1.re Cause. *La forme du gouvernement.* Des lois fondamentales étant la pierre angulaire de l'édifice social, tous les réglemens et institutions, civils et criminels, devant s'y rapporter, les droits du père sur ses enfans en ressentiront aussi l'influence.

Il y a en général trois sortes de gouvernemens [1] : 1.° la monarchie absolue ; 2.° la monarchie limitée par les lois, et 3.° la république. Ces trois formes produisent des effets différens sur les droits de la puissance paternelle.

---

[1] Esprit des lois, liv. 2, ch. 1.er

Dans le premier cas, c'est-à-dire, dans un gouvernement où le Souverain commande arbitrairement, il ne veut que des esclaves; il ne souffre pas qu'une autre puissance que la sienne s'élève à côté de lui; la souveraineté d'un père dans sa famille ne peut lui convenir : il anéantira donc cette puissance si redoutée, il égalera l'enfant au père. [1]

Dans une monarchie réglée par les lois, tous les pouvoirs étant réduits à leur juste mesure, et les lois reconnoissant les droits de l'homme, l'institution dont nous parlons sera soumise à des modifications raisonnables, et la puissance paternelle réduite à sa juste mesure : le père n'aura ni ce droit horrible de vie et de mort, ni l'enfant celui d'une désobéissance impie. Là où règnent les lois, il ne peut se trouver d'excès.

Mais sous des formes républicaines, où l'existence de l'État, sans cesse menacée, imprime aux citoyens un caractère inquiet, âpre et sévère, la puissance paternelle sera bien plus étendue ; l'enfant, à l'égard de son père (ou de l'État, si ce dernier s'est arrogé les droits du père[2]), y sera le plus souvent considéré comme une chose livrée à la merci de ce dernier, sans la moindre responsabilité de la part de celui-ci.

2.ᵉ CAUSE. *Les progrès de la civilisation.*

L'homme, dans l'état de nature, c'est-à-dire, dans un état com-

---

1 Cette opinion peut paroître contraire à celle qui est énoncée dans l'Esprit des lois, l. 4, ch. 3, où l'auteur dit : « Comme l'éducation dans les monarchies ne « travaille qu'à élever le cœur, elle ne cherche qu'à l'abaisser dans les états « despotiques : il faut qu'elle y soit servile. »

Cependant il faut observer que MONTESQUIEU ne veut pas dire par là que la *puissance paternelle* doit être très-étendue dans les états despotiques ; mais seulement, qu'au lieu de réveiller, par l'éducation, dans l'enfant les sentimens d'honneur et de liberté, comme dans les monarchies, on doit, au contraire, les étouffer autant que possible en naissant : ce qui ne détruit pas mon opinion, le droit d'éducation ne formant qu'une partie des droits du père.

2 Comme, par exemple, à Lacédémone.

plet d'ignorance et de barbarie, ne sera jamais que féroce, sauvage et inhumain. L'homme civilisé, dont les mœurs sont formées par l'étude et la société, offrira, vis-à-vis de l'autre, un contraste frappant. A peine reconnoîtroit-on en ces deux caractères le type commun, le type de l'humanité, que le créateur leur a imprimé. Cette différence de condition influera sur leurs lois, sur leurs usages; en général, sur leur manière de vivre. Le premier ne se croira père qu'autant qu'il traitera son fils comme son premier esclave; il exercera sur lui des droits illimités, sans reconnoître qu'il a, par l'exercice de ces droits mêmes, des obligations sacrées, qu'il ne devroit pas méconnoître; ses enfans seront pour lui, en cas de besoin, des moyens de subsistance, et pour vivre lui-même il les vendra comme des animaux domestiques[1]; en un mot, il ne sera pas le père, il sera le tyran de ses enfans.

L'homme civilisé, au contraire, reconnoissant la voix de l'humanité, respectant l'homme et son semblable dans ses enfans mêmes, n'exercera les droits de la puissance paternelle que pour leur bien; il ne sera père que pour leur donner une éducation convenable à leur état, et les droits que la loi lui donne sur eux, lui serviront de moyens pour y parvenir : son enfant sera pour lui une personne sacrée par les droits qu'il apporte en naissant, et par ceux qu'il a, comme ses parens, au bonheur et à la liberté.[2]

---

1 Dampier, Voyage autour du monde, t. III, p. 45. Parlant du royaume de Tonquin, il dit : « Mais lorsque les habitans se trouvent dans la dure nécessité « de pourvoir à leur subsistance par le moyen de la mer, plusieurs du pauvre « peuple vendent leurs enfans pour avoir du pain, et, par ce moyen-là, se con-« servent la vie. . . . . . Cette manière de vendre les enfans n'est pas particu-« lière à ce seul royaume; elle est ordinaire dans les autres endroits des Indes; « particulièrement sur les côtes de Malabar et de Coromandel. »
Lepechin, *Tagebuch einer Reise durch verschiedene Provinzen des russischen Reichs.* Il dit, en parlant des Calmoucks : *Die Æltern haben freie Macht über ihre Kinder, und können sie verkaufen oder verschenken.*

2 Voyez les lois de tous les peuples policés.

Ce n'est point ici une hypothèse qui ne repose que sur des conjectures ; la vérité de ce principe est attestée par l'histoire elle-même. Rome, tant qu'elle ne fut qu'un assemblage de brigands et de barbares, donnoit au père le droit le plus illimité sur ses enfans ; mais, à mesure que les mœurs s'adoucirent, que les Romains se policèrent, les droits les plus terribles, tels que celui de vie et de mort, celui de vendre trois fois, s'évanouirent. En Afrique, la puissance paternelle est encore très-étendue[1] ; et, je le répète, ce n'est qu'à mesure que les peuples se civilisent, que les droits exorbitans du père sont insensiblement renfermés dans de justes bornes.

3.° Cause. *Le climat.*

Cette cause, pour être la dernière, n'en est pas la moins importante. L'on sait que le climat étend son influence presque autant sur les hommes que sur les plantes et les productions de la terre en général.

Dans les pays où le soleil darde plus directement ses rayons enflammés, tout tend aux extrêmes, le caractère des habitans étant naturellement porté aux excès. Aussi, à peu d'exceptions près, les droits du père y sont toujours très-étendus[2]. Je dis, *à peu d'excep-*

---

1 Labat, Nouvelle relation de l'Afrique occidentale, Paris, 1728, 5 vol. T. V, p. 326 : il y parle des Nègres.

2 Voyez, outre les ouvrages cités d'autre part,

1.° Frézier, Relation du voyage de la mer du Sud ; Amst. 1717, p. 103, sur les habitans du Chili.

2.° De la Loubère, Description du royaume de Siam ; 2 vol. Amst. 1714, T. I.ᵉʳ, p. 161.

3.° Knox, *Historical relation of the island Ceylon*, p. 102.

4.° Höchst's *Nachrichten aus Fetz und Marocco* ; Copenh. 1781, in-4.°, p. 103.

5.° D'Arvieux, Mémoires mis en ordre par le P. Labat ; 6 vol. 1735, T. III, p. 303, etc.

6.° Chardin, Voyage en Perse, 4 vol. Amst. 1735, in-4.°, T. I.ᵉʳ, p. 233. Ces deux derniers ouvrages traitent des Arabes, Turcs et Persans.

tions près; car chaque règle particulière, mise en contact avec une autre, souffrira nécessairement des modifications, surtout si elles sont en opposition entre elles. Pour juger donc de la justesse de l'application des principes que nous avons posés plus haut, il faudra toujours, en premier lieu, voir laquelle des trois causes exerce dans un cas donné le plus d'influence.

Comme les passions ne sont pas aussi violentes dans les climats tempérés ; comme les lois, si j'ose m'exprimer ainsi, semblent vouloir en imiter la douceur, la raison aussi, en dictant ses principes équitables, trouvera plus facilement des hommes prêts à l'écouter; et les lois sur la puissance paternelle assureront au père les droits qui lui appartiennent d'après la saine raison, et mettront en même temps le fils dans le rang des personnes, en lui accordant une garantie sûre de sa liberté, si, par une conduite tyrannique, le père vouloit s'écarter du respect dû à la dignité de l'homme.

Dans les climats glaciaux, enfin, où la nature semble languir, où les hommes sont eux-mêmes froids et impassibles dans leur manière de vivre, nous ne verrons nulle part une exagération nuisible dans les lois, et ce seroit plutôt pour leur trop de modération, ou, à proprement parler, pour leur trop de foiblesse, que pour leur sévérité, qu'on pourroit les blâmer. Quoi qu'il en soit, je ne crois pas que nous puissions trouver des états placés vers le nord où la puissance paternelle soit très-étendue; mais, au contraire, qu'il s'en trouve beaucoup où elle n'existe pas du tout, ou est au moins très-réduite. [1]

---

1 Voy. le Père Charlevoix, Journal historique d'un voyage dans l'Amérique septentrionale; Paris, 1774, in-4.°, p. 287 : il y traite des habitans du Canada, etc. Crantzen's *Historie von Grœnland; Barby*, 1765, in-8.°, p. 210—215.

§. 4.

Distribution de la thèse.

Présenter l'histoire des lois rendues sur la puissance paternelle ; rechercher quels sont et quels ont été les droits de cette puissance chez les différens peuples, tant anciens que modernes : c'est là le plan de ma dissertation.

Je la diviserai en *quatre parties*. *La première* tracera le tableau succinct de l'histoire de la puissance paternelle chez les différens peuples de l'antiquité reculée : cette partie sera extrêmement resserrée, tant à défaut de sources suffisantes, que parce qu'en elle-même elle ne présente pas assez d'attraits et d'utilité pour s'y arrêter long-temps. Dans *la seconde partie* je tâcherai de présenter la législation des Romains sur cette matière. *La troisième partie* traitera du Droit françois, et *la quatrième* contiendra quelques observations générales sur les divers systèmes que nous aurons parcourus.

PREMIÈRE PARTIE.

TABLEAU DES LÉGISLATIONS ANTÉRIEURES AU DROIT ROMAIN, CONCERNANT LA PUISSANCE PATERNELLE.

L'étude de l'histoire des peuples dont l'origine se perd dans les ténèbres des premiers temps, présente à l'homme qui médite, un intérêt qu'il ne sauroit trouver dans la lecture des événemens récens, et de ces troubles qui, pendant les derniers siècles, ont causé tant de désordres et bouleversé tant d'empires. Elle nous apprend à connoître l'homme ; elle le suit, pour ainsi dire, depuis son berceau jusqu'à l'entière maturité de son esprit. La naissance, le développement, la force et la vigueur, la décadence des États, nous présentent en grand l'image de la vie des hommes. Il est donc essentiel de la bien connoître et d'en étudier les moindres détails. Cependant il existe une circonstance qui semble devoir nous faire perdre tous les avantages que l'on pourroit se promettre à si juste titre de cette étude : je veux parler de l'insuffisance, de la fausseté, et souvent même du défaut de tous renseignemens à cet égard. Néanmoins, il me semble que cette considération, loin de nous faire rejeter tout ce qu'on nous rapporte et ce que nous lisons des peuples de l'antiquité, de leurs usages, lois et habitudes, ne doit servir qu'à nous inspirer une juste défiance, et nous conduire à un examen scrupuleux et philosophique des faits que les historiens nous rapportent. C'est alors seulement que nous lisons l'histoire avec avantage, et que nous pouvons nous fier à ce que nous avons examiné nous-mêmes. Mais je vais plus loin ; je crois qu'il est des détails rapportés dans l'histoire ancienne qui portent tellement l'empreinte de la vérité, que nous ne pouvons raisonnablement pas en douter : de ce nombre, je crois, sont les lois des peuples sur la puissance paternelle. Elles sont si intimement confondues avec la nature et le gouvernement des États [1], qu'il faut ou tout rejeter ou tout croire. L'examen de ces lois nous prouvera la vérité de ce que j'avance.

§. 1.er

Comment s'acquéroit la puissance paternelle.

De tous les temps, et chez tous les peuples, le mariage a été un lien sacré, souvent même indissoluble. Les intérêts de l'État, le bonheur des familles, la conservation des mœurs, ont dû en faire l'objet de la méditation particulière du législateur. Plus les mœurs sont pures, plus aussi ce lien est respecté : alors point de concubinage, point de bâtards ni d'enfans adultérins. L'adoption même, l'adoption qui n'est qu'un moyen artificiel de suppléer à ce que la

---

[1]. Esprit des lois, l. 4.

nature nous refuse, sera très-rare ; il n'y aura qu'une seule manière d'acquérir la puissance paternelle, la plus honorable de toutes,
celle qui paroît consacrée par la nature elle-même, et qui est
le résultat d'un légitime mariage.

L'histoire nous confirme cette réflexion ; nulle part nous ne
trouvons chez les anciens peuples des lois régulières et stables sur
l'état des enfans naturels : il semble que ces êtres étoient condamnés à porter seuls toute l'animadversion de la faute qui leur
avoit donné la naissance.

Exclus du droit de citoyens, à Athènes[1] ; esclaves, ou peu s'en
falloit, à Sparte ; privés du droit de succession dans les autres
villes de la Grèce[2], s'il leur arrivoit quelquefois d'être soustraits
à l'effet de ces lois rigoureuses, ils n'en étoient redevables qu'aux
besoins urgens de leur patrie, qui demandoit des bras pour la
défendre, contente d'en trouver sans pouvoir s'arrêter à les choisir.

La polygamie, introduite dans presque tous les pays orientaux,
dut aussi avoir une grande influence sur l'état des enfans ; car,
là où il est permis à chacun de satisfaire à tous ses désirs en
épousant autant de femmes qu'il est en état d'en nourrir, où, par
conséquent, tous ses désirs peuvent devenir légitimes, il ne peut
presque pas arriver qu'il y ait des bâtards.

L'adoption, troisième mode d'acquérir la puissance paternelle,
ne peut être usitée que dans un État déjà plus avancé en civilisation : un peuple naissant ne connoît pas encore les fictions de la
nature ; il suit ses lois, mais il ne les imite pas.

Les livres de Moyse et les mœurs des Israélites respirent ces
principes : il n'y est question ni de légitimation ni d'adoption.
Le Juif, qui pouvoit vivre dans la polygamie, n'avoit pas besoin
d'inventer des modes d'acquérir la puissance paternelle. Ayant

---

1 Arist. Polit. l. 6, ch. 4 ; et Isæus, *in oratione de hereditate Philoctemonis.*
2 Arist. Polit. l. 3, ch. 3.

beaucoup de terrain à cultiver, et pouvant se servir de ses fils comme de ses domestiques, sans être obligé de leur payer un salaire, il n'éprouvoit pas le besoin de les céder à autrui. Au surplus, chez ces peuples, la stérilité étant regardée comme l'effet de la colère ou de la vengeance de Dieu, et un homme sans postérité comme un réprouvé, quel père auroit voulu se rendre le complice d'un pareil homme, en lui cédant l'un de ses enfans? Il n'y avoit donc, chez les Hébreux, qu'une seule manière d'acquérir la puissance paternelle, c'étoit la procréation d'enfans en légitime mariage. [1]

Les lois d'Athènes, qui ont tant de ressemblance avec celles des Juifs, en ce qui concerne les droits des personnes, contiennent sur cette matière des dispositions à peu près égales. Comme en Judée, l'on n'acquéroit la puissance paternelle à Athènes que par la procréation d'enfans en légitime mariage, et l'histoire de cette ville ne nous cite qu'une seule exception, faite en faveur d'un homme justement célèbre, qui, par ses travaux et par les sacrifices qu'il avoit faits à sa patrie, la méritoit bien; encore ne lui fut-elle accordée que dans une assemblée du peuple, et par conséquent du consentement de tous [2]. Cette exception est donc plutôt

---

[1] Cependant le célèbre HEINECCIUS, dans son Commentaire sur les Institutes de JUSTINIEN, soutient que les Juifs connoissoient l'adoption; il cite même l'exemple d'Israël, qui adopta sur le lit de mort ses deux petits-fils, ce qui leur assigna dans sa succession une part égale à celle de ses autres enfans au premier degré (Genèse, chap. 48, v. 12). Mais je ne crois pas que ce fût là proprement une adoption; car ce n'étoient pas des étrangers qu'il introduisit dans sa famille, c'étoient les enfans de son fils : il ne fit par conséquent que les mettre à la place de leur père décédé, ce qui, à la vérité, leur donnoit plus de droit qu'ils n'en auroient eu de son vivant; mais du moins c'étoient ses descendans. Au surplus, nous parlons ici des lois mosaïques, et non pas de ce qui se pratiquoit chez les Israélites avant cette législation.

[2] PLUTARQUE, dans la vie de Périclès, nous rapporte que ce dernier, ayant perdu tous ses fils légitimes, sollicita du peuple la faveur de pouvoir légitimer son fils naturel; faveur qui lui fut accordée.

à regarder comme une faveur personnelle, accordée à un seul homme, et comme une confirmation de la règle.

Ce que j'ai dit plus haut au sujet de l'adoption, ne trouve cependant pas son application ici : en effet, l'adoption avoit lieu à Athènes, mais ce n'étoit que sous de certaines restrictions. C'est ainsi qu'elle étoit défendue à celui qui n'avoit pas la libre disposition de ses biens, comme à l'esclave, à la femme, à l'interdit, au mineur de 20 ans. L'adopté entroit dans la famille de l'adoptant, et y acquéroit tous les droits d'un fils de famille ; il quittoit sa famille naturelle, et n'avoit même plus le droit d'hériter de ses parens, qu'auparavant il n'eût abjuré son adoption, ce qu'il ne pouvoit faire sans avoir procréé des enfans capables de porter et de perpétuer les noms de son père adoptant. [1]

La législation de Lacédémone ne dit presque rien de la puissance paternelle, par la raison qu'elle n'y existoit pas, le père ne l'exerçant pas en sa qualité de père, mais seulement en celle de citoyen, conjointement avec les autres membres de l'État.

L'enfant, dès qu'il étoit né et jugé bien constitué par les éphores, acquéroit les mêmes droits que tout autre citoyen. Il ne pouvoit pas être soumis à la volonté d'un père ; ç'auroit été déroger à sa dignité, d'après les vues de Lycurgue. « Un citoyen, un homme « libre, disoit-il, n'est soumis qu'à sa patrie ; ce n'est donc qu'elle « seule qui a le droit de le punir ou de le récompenser. »

Pour des enfans illégitimes, il ne pouvoit guère y en exister, vu la pureté des mœurs, et l'histoire ne nous en cite qu'un seul exemple, amené par des circonstances particulières : je parle des enfans illégitimes procréés pendant la dernière guerre contre les Messéniens. Je n'entrerai point dans le détail des lois établies sur

---

1 Isæus, de Aristarchi hereditate, et de Philoctem. hered. ; Potters griechische Archæologie. Halle, 1776 ; 2ter Th. S. 608.

cette matière chez les autres peuples anciens. Je répèterai seulement ce que j'ai dit plus haut, que les nations, dans les premiers temps de leur histoire, restent étrangères à ces inventions dictées par la nécessité aux peuples déjà plus civilisés, telles que la légitimation d'enfans naturels, et l'adoption ; qu'elles regardent avec horreur toute infraction faite aux lois du mariage, et qu'elles sont toutes défavorables au célibat.

§. 2.

A qui appartenoit la puissance paternelle.

La polygamie soumet les femmes à un tel état d'esclavage envers les hommes, qu'elles ne peuvent jouir d'aucun droit civil dans les pays où elle est introduite. Elles ne peuvent donc avoir aucune espèce d'autorité sur leurs enfans, ni du vivant du mari, ni même après sa mort; c'est plutôt le fils aîné de la famille qui en devient le chef, que la mère. Cette règle est sans exception; elle est constatée par les lois de tous les peuples polygames. Au reste, la constitution des femmes, leur foiblesse, leur assujettissement à la puissance maritale, les rendent assez impropres à un empire qui exige autant d'impartialité que de lumières. C'est par cette raison que même les peuples chez lesquels la polygamie n'est pas introduite, ont toujours accordé la puissance paternelle au père de famille.

Cependant, il s'élève ici la question de savoir si c'est au père de l'enfant qu'elle appartenoit, ou bien à l'ascendant le plus âgé. On répond que, là où la puissance paternelle duroit pendant toute la vie de l'enfant ou du père, c'étoit l'ascendant le plus éloigné qui gouvernoit toute la famille; mais que, dans les pays où il y avoit un terme de majorité fixé, dès que le père de l'enfant avoit acquis la majorité, et que, par conséquent, il sortoit de la dépendance de l'auteur de ses jours, il acquéroit par là-même, et de plein droit, la puissance paternelle sur ses propres enfans, qui alors ne dépendoient nullement dé leur aïeul. Nous verrons plus bas quels sont les peuples qui ont fixé un terme de majorité pour la puissance paternelle.

§. 3.

Quels sont les droits que les différentes législations ont accordés au père.

Les lois sur la puissance paternelle se règlent, ou sur le climat, ou sur les degrés de civilisation des pays où elles sont établies. C'est ce que nous avons démontré plus haut. Nous allons faire l'application de ce principe aux lois des différentes nations dont nous avons à parler.

Le droit de vie et de mort sur les enfans, rejeté aujourd'hui par des législations plus humaines, étoit assez commun chez les peuples de l'antiquité, surtout sur les enfans nouveau-nés. A Athènes[1], ces enfans, sortis à peine du sein de leur mère, étoient déposés aux pieds du père, qui prononçoit sur leur destinée. Si la voix du sang, si l'amour paternel, si les sollicitations de l'épouse ne l'émouvoient point, l'enfant étoit condamné à mort; on l'exposoit; on le tuoit. C'est ce qui se pratique encore en Chine.[2]

A Sparte, où l'État entier exerçoit la puissance paternelle, c'étoient les éphores qui prononçoient ce jugement.

La Grèce presque entière suivit cet exemple, et ce n'étoit qu'à Thèbes[3] que les lois défendoient une telle barbarie.

---

1 Voyage du jeune Anacharsis en Grèce; Paris, 1790, t. III, p. 3.

2 Cependant M. DE GUIGNES (Voyage à Pecking, tome II, p. 285) essaie de réfuter cette assertion, rapportée par presque tous les autres voyageurs. Je n'entrerai point dans cette discussion, et je ne fais qu'adopter les opinions du Père DU HALDE, de GUMILLA et de l'auteur de l'Histoire générale de la Chine (DU HALDE, t. II, p. 140; GUMILLA, Histoire de l'Orénoque, t. II, p. 248, et Hist. génér. de la Chine, t. XIII, p. 170 et 181).

3 ÆLIAN. *var. hist. lib.* 2, *cap.* 7.

Il paroît, d'après Aristote, que les Perses jouissoient du même droit. Il n'en étoit pas ainsi chez les Hébreux et les anciens Égyptiens, à ce qu'en font présumer le silence des lois de Moyse à cet égard et Diodore de Sicile[1], quoiqu'il soit surprenant que les Athéniens aient accordé ce droit au père, eux dont la législation tire si ouvertement son origine de celle des Égyptiens. Nous observons encore que ces derniers étoient obligés d'élever tous leurs enfans, même illégitimes.[2]

Le droit de les tuer ou de les faire tuer, lorsqu'ils étoient déjà élevés, droit qui s'est long-temps conservé à Rome, ne paroît pas avoir été en vigueur chez les autres peuples; nous ne savons qu'il existoit chez les Gaulois que par un passage de Jules-César. Il dit: *Viri in uxores, sicut in liberos, vitæ necisque habent potestatem.*[3] Chez les Israélites[4], les moindres délits, le moindre manque de respect envers les parens, étoient punis d'une mort terrible. La partie offensée n'étoit, à la vérité, point en droit d'exécuter elle-même cet arrêt de la loi; mais il l'étoit sur la simple dénonciation et affirmation devant le juge.

Un droit tout aussi révoltant, et peut-être plus contraire encore aux lois de l'humanité, étoit celui de vendre ses enfans. Il supposoit le droit de vie et de mort; car je prétends que celui qui a le droit de vendre ses enfans, jouit aussi de celui de vie et de mort. Ce seroit, en effet, une absurdité de prétendre que l'on

---

[1] L. 1, ch. 77 et 80 ; Jahn, *biblische Archæologie, ersten Theiles zweyter Band,* §. 186, *Note. Wien,* 1796.

Diodore (lieu cité) nous apprend qu'une femme qui avoit tué son enfant, étoit obligée, en Égypte, de le tenir publiquement sur les bras pendant trois jours consécutifs.

[2] Diodor. *loco citato.*

[3] *De bello gallico,* l. 6, c. 19.

[4] Lévitique, ch. 20, v. 9.

peut transférer sur un autre plus de droit qu'on n'en a soi-même. *Nemo in alium plus juris transferre potest quam ipse habet.* (*L.* 54, *ff. de R. J.*) Or, par l'acquisition d'un esclave, le maître acquiert en même temps un empire absolu sur lui : il faut donc que le père vendeur ait eu lui-même ce pouvoir, pour le faire passer à l'acquéreur. Ce droit de vendre ses enfans a lieu surtout dans les pays pauvres ou surchargés d'habitans : les anciens Perses [1], la Chine [2], la Guinée [3], l'Inde [4] et la Tartarie [5], nous en fournissent assez d'exemples. Souvent le père de famille, ne pouvant plus suffire aux besoins toujours renaissans d'une grande famille, cherche, en vendant femme et enfans, à se sauver de la famine. Mais, dans un pays libre et indépendant, dans un état réglé par les lois, ce droit ne sauroit subsister : ce n'est que dans les états despotiques, chez les peuples barbares, ou presque barbares, qu'il a été introduit. Rome est ici la seule exception connue.

Passons à des attributions du pouvoir paternel plus conformes à la nature, et moins réprouvées par la dignité de l'homme et du citoyen.

Le droit de correction, qui permet de punir d'une manière raisonnable les fautes des enfans, a toujours et partout existé; il est inséparable de l'autorité du père. Inné, pour ainsi dire, à cette qualité; absolument nécessaire pour retenir la fougue de la jeunesse et la conduire vers le bien ; plus ou moins étendu, suivant les lois positives de chaque pays, il a été constamment soutenu par l'autorité des législateurs.

---

1 Arist. Polit. in-8.°

2 Du Halde, Description de la Chine, t. II, p. 363 et 364.

3 Labat, Nouvelle relation de l'Afrique occidentale; Paris, 1728, 5 vol. in-8.°; t. V, p. 326.

4 Dampier, Voyage autour du monde, t. III, p. 45.

5 Lepechin's *Tagebuch einer Reise durch verschiedene Provinzen des russischen Reichs. Altenburg, 3 Theile in-4.°, 1774, erster Th. S.* 296.

Le droit de consentement au mariage a dû se régler sur la durée de la puissance paternelle. Là où elle expiroit à un certain âge, comme en Attique, l'enfant, passé cet âge, pouvoit se marier sans dépendre pour son choix de la volonté paternelle : là , au contraire, où elle s'étendoit sur toute la vie, comme chez les Hébreux et la plupart des anciens peuples , c'étoit le père qui choisissoit une épouse au fils et qui marioit la fille. [1]

Le droit de demander des alimens à ses enfans, étoit aussi un droit sacré parmi les anciens. Plusieurs auteurs nous attestent l'établissement de ce droit à Athènes [2]. Il n'y avoit, selon eux, que trois cas où l'enfant n'étoit pas tenu de donner des alimens à ses parens : *le premier*, quand le père ne lui avoit pas fait apprendre un métier utile [3]; *le second*, s'il avoit procréé l'enfant avec une femme prostituée [4], et *le troisième*, s'il avoit abusé de son enfant. [5]

Nous avons vu jusqu'ici quelles étoient les principales attributions du pouvoir paternel, quant à la *personne* du fils de famille; passons maintenant aux droits du père sur les biens de ses enfans.

Dès que la vie ou la liberté d'un homme se trouve entre les mains d'un autre ; comme ses actions, sa volonté ne sont plus à lui, la disposition de ses biens et leur maniement dépendront aussi de celui qui peut disposer de sa personne.

---

1 Genèse, ch. 21, v. 21 ; ch. 21, v. 9, 10 et 11. Livre des Juges, ch. 14, v. 24. PETITI, *Leges atticæ*, p. 534.

2 SYRIANUS, in *Hermog.*, dit : *Lex est, qui parentum indigentium deseruit causam , infamia ut notetur;* et CURIUS FORTUNATIANUS, *Rhet. l.* 1: *Qui auxilium parentibus non tulerit, capite plectatur.*

3 GALENUS , in *exhortat. orat. ad artes.*

4 PLUTARQUE , Vie de Solon.

5 MEURSII *Themis attica*, dans le 5.ᵉ volume du *Thesaurus* de GRÆVIUS, l. 2, c. 2 ; et ÆSCHINUS, *Orat. in Timarchum.*

Chez les Hébreux[1], les Chinois[2], les Perses[3], les Gaulois[4] et chez presque tous les peuples de l'antiquité, il étoit de principe qu'un fils de famille ne pouvoit avoir aucune propriété; que tout ce qu'il acquéroit étoit acquis au père, et que ce dernier n'avoit d'autre obligation que celle de l'alimenter.

En Grèce, au contraire, où l'on avoit mis des bornes à la puissance paternelle, où même, dans quelques républiques, elle cessoit à un certain âge, le fils acquéroit pour lui-même, et ce n'étoit que pendant sa minorité que le père étoit l'administrateur légal de ses biens et qu'il en avoit l'usufruit. Le silence de tous les auteurs rend assez probable que l'usage des différens pécules fut une institution particulière aux Romains, et inconnue aux autres peuples anciens. Cela paroît d'autant plus vraisemblable que ce n'est que dans les derniers temps de la république romaine que les pécules ont été introduits.[5]

Dans Athènes, quoique la puissance paternelle y fût assez restreinte, surtout quant aux biens, le père et l'enfant étoient tellement regardés comme une seule et même personne, que la loi n'accordoit aucune action à ce dernier contre le premier, si ce n'étoit pour cause de démence.[6]

Il ne nous reste plus, maintenant, après avoir parcouru toute la série des droits du père, qu'à parler du droit d'exhéréder les enfans.

---

1 MICHAELIS *mosaisches Recht*, 2ter Th. S. 82.

2 Voy. le Père DU HALDE et les autres auteurs cités plus haut.

3 ARISTOTE, *loco citato*.

4 Il résulte du passage de César déjà cité, que le fils ne pouvoit avoir aucun bien propre.

5 GROTIUS, *de jure belli ac pacis*, cite deux passages d'Homère, qui sembleroient prouver que, de son temps, les pécules étoient déjà connus; mais en supposant même la justesse de l'assertion, ce ne seroit toujours que du pécule des esclaves qu'il auroit parlé. (Voy. *l.* 3, c. 14, §. 6, N.° 2, *Nota.*)

6 CURIUS FORTUNATIANUS, *Rhet. l.* 1, et *Themis att. l.* 1, c. 3.

C'est ici qu'il se trouve une différence frappante entre la législation d'Athènes et celle des Juifs. La loi de Moyse, tout en permettant la confection des testamens, s'attache à lier les mains au testateur. Une loi du Code hébreux [1] défend expressément de priver le fils aîné de la double portion héréditaire que la loi lui assure, en la donnant à un cadet. Le Juif ne pouvoit donc pas déshériter son enfant. Cette loi, si nous y réfléchissons, est encore une de celles qui émanent de la nature du gouvernement patriarchal introduit chez ce peuple ; car celui qui, après la mort du père, devenoit chef de la famille, devoit aussi, du côté de la fortune, être élevé au-dessus de ceux qui lui étoient subordonnés.

A Lacédémone le même principe étoit en vigueur, mais par des considérations toutes différentes. Les biens que possédoit un citoyen n'étoient point regardés comme sa propriété particulière, mais bien comme la propriété de tous : il ne pouvoit donc en disposer après sa mort ; et dans les temps où l'égalité des patrimoines étoit encore le principe fondamental de l'ordre social à Sparte, la réunion de tous les biens d'un père de famille sur une seule et même tête auroit répugné à cette égalité, puisque par elle *un seul* fils seroit devenu aisé, riche, peut-être, tandis que ses frères auroient eu en partage l'indigence.

Il n'en étoit pas de même dans l'Attique ; le père y pouvoit déshériter son enfant désobéissant. Cependant il ne lui étoit pas permis de le faire sans une juste cause ; il étoit obligé de le citer devant certains juges nommés à cet effet, qui prononçoient l'exhérédation, ou la rejetoient, selon les circonstances. Dans le premier cas, un crieur public annonçoit que tel citoyen ne reconnoissoit plus pour son fils le jeune homme dont il prononçoit le nom. [2]

---

[1] Deutéronome, ch. 21, v. 15 — 17.

[2] Æschinus, *Orat. in Timarch.*; Demosth. *in Spudiam*; Lucianus, *in abdicato*.

§. 4.

Comment finissoit la puissance paternelle.

Le régime patriarchal, qui confère une puissance presque souveraine au père commun d'une famille sur les membres qui la composent, et qui formoit, pour ainsi dire, la pierre angulaire de la législation des Juifs, étendoit de plein droit la puissance paternelle jusqu'à la mort du fils ou de l'ascendant qui l'exerçoit, et le premier ne devenoit *sui juris* que par le décès de son père ou de son aïeul. Il s'ensuivoit que, tant qu'il existoit un ascendant plus éloigné, le père n'avoit point encore la puissance paternelle ; car il n'étoit lui-même considéré encore que comme fils de famille. Cette règle peut avoir été très-utile à un peuple tel que les Israélites, qui, comme je l'ai fait observer plus haut, s'adonnoient peu au commerce, et dont la principale occupation étoit l'agriculture : l'État conservoit ainsi un grand nombre de citoyens qu'il auroit risqué de perdre par le danger des voyages et par le luxe, suites inévitables d'un commerce étendu et des établissemens formés à l'étranger. [1]

Au contraire, des peuples commerçans et belliqueux, comme les Grecs, dûrent éprouver le besoin de soustraire de bonne heure les fils à l'autorité paternelle, pour les tirer de l'inaction et afin que tout leur temps ne fût pas exclusivement employé à suivre les intérêts de leurs parens. Ils fixèrent en conséquence un terme de majorité qui mît les enfans en état de servir la patrie dans leur jeune âge, et c'est ainsi qu'à Athènes la puissance paternelle finissoit à vingt ans. A cet âge les jeunes gens étoient inscrits dans les registres des citoyens, et dès-lors ils jouissoient

---

1 Michaelis *mosaisches Recht; 2ter Th. S. 79.*

de tous les droits d'un père de famille[1] ; ils pouvoient assister aux assemblées du peuple, aspirer aux magistratures et administrer leurs biens.

Les mêmes lois, à cet égard, paroissent avoir été en vigueur dans les autres États de la Grèce.

On voit de même chez les Goths la puissance paternelle cesser dès qu'un jeune homme étoit en état de porter les armes et de défendre son pays[2]. Ce peuple, alors encore barbare, n'avoit donc pas fixé d'époque précise pour la majorité ; mais il partoit du même principe que les Athéniens, à la différence du motif, qui, chez ces derniers, se rapportoit aussi au commerce et aux beaux-arts, tandis que les autres croyoient qu'on ne pouvoit servir sa patrie qu'en combattant pour elle.

Les Chinois, peuple agriculteur, ne connoissent point de majorité : tant que le père existe, le fils est sous sa dépendance.

Tout ce que nous avons dit jusqu'ici concernant la fin de la puissance paternelle, ne s'applique qu'aux fils. Quant aux filles, elles passent nécessairement, par le fait même du mariage, sous l'autorité du mari, et le père, en leur choisissant un époux, a exercé le dernier et le plus grand droit de la puissance paternelle ; car il les aliène en quelque sorte, en transmettant à un tiers les droits qu'il avoit eus jusque-là sur elles.

---

[1] Demosth. *in Leoch.* p. 1047 et 48.

[2] Lettre du roi Théodoric à Coïon, qui lui ordonne de rendre compte des biens de son neveu Virilinus, dont il avoit été le tuteur. (Var. I, 38.)

SECONDE PARTIE.

TABLEAU DE LA LÉGISLATION ROMAINE CONCERNANT
LA PUISSANCE PATERNELLE.

Rome, qui, d'une foible bourgade peuplée de transfuges et de
malfaiteurs, s'agrandit rapidement par la force de ses armes et par
la vertu de ses citoyens, et finit par subjuguer la presque-totalité
de l'univers connu alors, Rome nous présente tant de gradations,
tant de périodes diverses dans les progrès de sa puissance, de sa
civilisation et de ses lois, qu'il importe de les examiner séparé-
ment, pour arriver à des résultats propres à en expliquer les
causes. La jurisprudence romaine, telle que nous la connoissons
aujourd'hui, et surtout les lois contenues dans les compilations
de l'empereur JUSTINIEN, ont obtenu et conservé chez les modernes le nom de *raison écrite*, preuve de leur sagesse et de
l'équité de leurs dispositions.

Mais ces lois n'ont pas toujours mérité les mêmes éloges. Conformes au caractère de la nation, long-temps elles furent dures
et sévères à l'excès, et ce n'est que pas à pas, et à raison des progrès de la civilisation, qu'elles se sont adoucies, en s'enrichissant
des leçons de l'expérience et des méditations les plus profondes
sur les intérêts politiques et civils d'un grand empire.

Il nous importe de suivre la législation romaine dans ses divers
détails; de la considérer dans sa naissance, ses progrès et son
perfectionnement successif. C'est pourquoi j'ai cru devoir suivre
la division de l'histoire de cette législation en quatre périodes,
adoptée par plusieurs auteurs; savoir:

1.º Depuis la fondation de Rome jusqu'à la loi des XII Tables
inclusivement (avant la naissance de J. C. l'an 449);

2.º Depuis la loi des XII Tables jusqu'au temps de Cicéron (avant J. C. l'an 80) ;

3.º Du temps de Cicéron au règne d'Alexandre Sévère (l'an 222 après la naissance de J. C.) ;

4.º Enfin, depuis Alexandre Sévère jusqu'au règne de l'empereur Justinien (527).

PREMIÈRE PÉRIODE.

DEPUIS LA FONDATION DE ROME JUSQU'A LA LOI DES XII TABLES INCLUSIVEMENT.

Gouvernée long-temps par des usages et par les décisions de ses rois, Rome, à la vérité, n'étoit point sans lois, mais elle étoit restée sans législation.

On avoit commencé par fixer l'état des personnes, et l'on n'avoit pas encore songé à établir des règles concernant les biens. Ceci s'explique aisément lorsqu'on fait attention que, dans un État naissant, la distinction des biens, les différentes manières d'acquérir la propriété, ne sont pas des matières bien importantes, les terres étant en commun entre les citoyens, ou en telle abondance qu'elles dépassent les moyens de culture; qu'au surplus, les besoins sont encore si restreints, si faciles à satisfaire, qu'il ne doit pas s'élever souvent des contestations à leur égard.

Comme l'État se compose de familles, et les familles d'un certain nombre de personnes, c'est par des réglemens sur l'état des familles que doit commencer le travail du législateur. Il fixera donc les rapports des enfans avec leurs parens, des femmes avec leurs maris; il statuera sur les tutelles, sur les rites nécessaires à la légitimité du mariage, en général, sur tous les rapports des hommes entre eux et qui ne regardent pas leurs relations de commerce :

partant de là , et après avoir assuré l'état des familles, le législateur donnera au corps social des lois formées sur le modèle de celles qui régissent les familles.

De là vient que chez les peuples qui ne connoissent pas encore le bienfait d'une civilisation plus avancée , l'économie intérieure de l'État a tant de ressemblance avec celle des familles qui le composent.

Ce que j'ai dit jusqu'ici s'applique, en général , à toutes les institutions concernant l'état des personnes ; mais il sera facile de reconnoître l'importance qu'auront surtout les lois sur la puissance paternelle dans cet état des choses. En effet, n'est-il pas de la dernière nécessité de savoir quelles sont les prérogatives d'un père de famille , jusqu'où s'étendent ses pouvoirs ? Pour éviter tout conflit de juridiction entre l'État et lui, n'est-il pas important de fixer les limites d'une puissance qui , souvent, ou excède les bornes de l'équité et devient nuisible aux intérêts des citoyens futurs, ou, pour être trop paternelle , cherche à soustraire à la vindicte publique des individus qui méritent un châtiment sévère ? Les lois sur la puissance paternelle sont d'*ordre public* , c'est-à-dire qu'elles sont si intimement liées à la constitution de l'État, qu'elles concernent non-seulement les individus qui y sont immédiatement intéressés, mais encore la société entière, et que c'est l'État autant que les particuliers qui doit veiller à leur conservation.

Tous les peuples, jusqu'à ce jour, ont reconnu la vérité de ce principe, et tous les législateurs se sont empressés d'y déférer, en promulguant, avant toutes les autres, les lois sur l'état des familles, surtout sur les rapports qui doivent exister entre le père et l'enfant, et en ne s'occupant que plus tard des autres branches de la législation.

C'est ainsi que les historiens nous rapportent qu'une des premières lois de Dracon , premier législateur d'Athènes, régloit le pouvoir paternel [1]. C'est ainsi que Romulus a reconnu la nécessité de lois formelles à cet égard, et qu'il s'est convaincu que, sans elles, il n'y auroit point de lien dans les familles ni, par conséquent, dans l'État. En étudiant le caractère de son peuple, il a vu combien il étoit encore plongé dans la barbarie ; combien ses mœurs étoient grossières, ses connoissances restreintes. C'est pourquoi, réfléchissant aux réglemens le plus adaptés à ses besoins, il a dû songer aux lois les plus propres à éveiller cet esprit guerrier qui devoit le conduire de triomphes en triomphes, et qui ne pouvoit être soutenu que par l'espérance du bonheur et de la liberté qui attendoit le vainqueur de retour dans ses foyers. Guidé par ces considérations, forcé peut-être par la volonté du peuple, Romulus devoit pencher pour un gouvernement mixte, c'est-à-dire, un gouvernement où le roi, quoiqu'il fût souverain, ne pouvoit cependant rien entreprendre d'important sans l'avis du sénat et sans la sanction de la masse du peuple.

J'ai développé plus haut [2] les motifs qui, dans cet état des choses, le portèrent à accorder aux pères de famille une puissance étendue sur leurs enfans, et à leur laisser en quelque sorte le droit de juger en première instance leurs fautes et même leurs crimes [3]. Je n'aurai plus qu'un mot à ajouter avant de faire connoître les lois rendues à ce sujet dans la première période.

---

1 *Themis attica*, l. 1, c. 1. On est même allé jusqu'à prétendre que la première institution de Triptolème, qui, suivant les anciennes traditions grecques, a inventé l'art de cultiver la terre et donné le premier des lois aux peuples, a été le précepte d'honorer ses parens et de leur obéir.

2 §. 3 de l'Introduction.

3 L. 8, *ff. de his qui sui vel alieni juris sunt*, et DENYS D'HALICARNASSE, l. 2, ch. 26. ULPIEN et DENYS se contredisent ici : ULPIEN nomme la puissance paternelle *moribus receptam*, et DENYS dit expressément que c'est Romulus qui a donné les premières lois à cet égard. Par les motifs sus-allégués, j'ai cru devoir pencher pour l'avis de l'historien.

On pourroit croire que la puissance accordée aux parens étoit
en état de compromettre l'autorité du Souverain : mais rien ne
paroît moins fondé, lorsqu'on se rappelle que le roi, dans l'aris-
tocratie romaine, n'avoit que le droit de proposer les lois ; que
ses fonctions consistoient surtout dans le commandement en temps
de guerre, et qu'il n'étoit, en quelque sorte, que le premier magistrat et le général en chef de l'État [1]. Il ne pouvoit donc être
jaloux d'une autorité qui, au lieu de lui nuire, ne servoit qu'à
faire ressortir davantage la splendeur de sa dignité. En effet, n'exerçant lui-même immédiatement sa puissance que sur les pères de
famille, qui à leur tour faisoient respecter ses institutions dans
la sphère de leur juridiction domestique, et maintenoient de cette
sorte un ordre continuel et une obéissance aveugle, son autorité
étoit bien plus assurée, que s'il avoit été obligé de s'adresser directement à une jeunesse impétueuse, incapable de saisir la sagesse
de ses dispositions.

CHAPITRE PREMIER.

Comment s'acquéroit la puissance paternelle, et à qui elle appartenoit.

Nous avons exposé l'état d'imperfection dans lequel se trouva
la législation romaine jusqu'au Code des douze Tables. Cela
s'explique lorsqu'on songe que les Romains, dans ces temps,
étoient encore dans un état assez voisin de la barbarie, et que ce

---

1 VERTOT, *Révolutions romaines*, l. 1.ᵉʳ, dit : « Mais sous cet appareil de la
« royauté son pouvoir ne laissoit pas d'être resserré dans des bornes fort
« étroites, et il n'avoit guère d'autre autorité que celle de convoquer le sénat
« et les assemblées du peuple, d'y proposer les affaires, de marcher à la tête
« de l'armée, quand la guerre avoit été résolue par un décret public, et d'or-
« donner de l'emploi des finances, qui étoient sous la garde de deux trésoriers,
« qu'on appela depuis questeurs. »

ne fut qu'à raison des progrès de leur puissance et de leur civilisation que s'agrandirent leurs institutions civiles et politiques. Notre sujet nous en fournit la preuve. Tous les peuples policés ont toujours adopté trois modes différens pour acquérir la puissánce paternelle : *le mariage, l'adoption* et *la légitimation.* Cependant, dans cette première période, et jusqu'au règne de Constantin le grand, la légitimation n'a point été connue des Romains. Comme je reviendrai sur ce dernier objet dans la quatrième période, où je me propose d'en développer l'origine, je ne m'attacherai ici qu'aux deux premiers, au mariage et à l'adoption, tous deux introduits dès les commencemens de Rome.

§. 1.er

Du mariage.

L'enlèvement des femmes sabines fit disparoître un des obstacles qui paroissoient s'opposer à la durée de l'existence de la ville des Romains [1]. Cet événement, que plusieurs auteurs traitent de fable, me paroît assez naturel et même probable. La morale censure avec raison cet acte, qui trouve son excuse, mais non sa justification, dans la nécessité qui le dicta.

Par le même motif il fut rendu alors des lois contre le célibat [2], auquel on attacha une sorte d'infamie. [3]

Les définitions du mariage que nous rencontrons dans les compilations de Justinien, en deux différens endroits [4], pourroient nous faire croire que la procréation des enfans n'étoit considérée par les Romains que comme un de ses effets accidentels, et non

---

[1] Tit. Liv. *Histor. l. 1*, *cap.* 9, *seq.*

[2] Voy. la harangue d'Auguste, rapportée par Dion-Cassius, l. 56; et Montesquieu, l. 23, ch. 21.

[3] Tite-Live, l. 45; Aulu-Gelle, l. 1.er, ch. 6; Valère Maxime, l. 2, ch. 9.

[4] §. 1 *Inst. de pat. pot.* et L. 1 *ff. de ritu nuptiarum.*

comme le but de l'institution, laquelle n'étoit envisagée que comme une société commune entre l'homme et la femme. Mais, si l'on considère qu'une de ses conditions de rigueur étoit l'âge de puberté [1], l'on reconnoîtra que la définition n'est pas complète ; qu'il importe d'y comprendre la vie commune des époux, et de définir le mariage : *conjunctio maris et feminæ, procreandorum liberorum causa legitime inita, individuam vitæ consuetudinem continens.*

Le Droit romain parle de trois espèces différentes de mariage : le mariage solennel, *nuptiæ* [2], qui se faisoit entre les seuls citoyens ; le mariage non solennel, *matrimonium*, qui avoit lieu entre personnes libres étrangères, et le mariage des esclaves, *contubernium.*

La première de ces unions seule conféroit la puissance paternelle ; les deux autres, ayant lieu entre personnes sans état civil, ne pouvoient donner au père un droit exclusivement propre aux citoyens romains. Les noces solennelles (*nuptiæ*) pouvoient se faire de trois manières différentes ; savoir : 1.° par la coemption [3] ; 2.° par la confarréation [4] ; 3.° par l'usage [5]. Les deux premières étoient précédées de certaines formules solennelles, mais qui ne donnoient pas plus de droits au mari que ceux qu'il eût acquis par la dernière, lorsque toutefois la prescription qu'elle supposoit étoit acquise.

---

1 *L.* 24 *C. de nuptiis ; L.* 39, §. 1 *ff. de jure dotium.*

2 *Proem. Inst. de nupt. ; L.* 56 *ff. solut. matrim.*

3 *Coemptio,* quand le mari achetoit sa femme.

4 *Confarreatio,* lorsque, en présence de dix citoyens, l'on faisoit aux dieux une offrande d'une espèce de gâteau fait avec du *far* (certaine qualité de froment). (ULP. Fragm. t. IX, et DENYS D'HALICARN., l. 2, ch. 25.)

5 *Usus,* lorsque, par la cohabitation annale, non interrompue pendant trois jours, le mari prescrivoit la possession de sa femme, comme chose mobilière. (AULU-GELLE, l. 3, ch. 2, q. 4. CICERO *pro Flacco,* cap. 34.)

§. 2.

De l'adoption.

C'est le deuxième mode d'acquérir la puissance paternelle. Introduit dès l'origine de Rome, et lié en quelque sorte à la religion, il a toujours resté en vigueur, les familles romaines ayant leurs autels domestiques, leurs dieux pénates, leurs fêtes privées, dont la conservation étoit ordonnée par la loi décemvirale : *sacra privata perpetuo manento.* L'importance que les Romains attachoient ainsi à perpétuer leurs familles, les engageoit à suppléer au défaut d'enfans naturels par des adoptifs, qui alors, comme ils disoient, *in sacra et gentem transibant.* [1]

L'adoption, prise dans un sens plus étendu, étoit définie par les Romains : *legitima in locum filii vel nepotis assumtio.*

Elle se divisoit en *adoption proprement dite*, et en *adrogation.* La première faisoit passer un fils de famille de la puissance de ses parens naturels en celle d'un père fictif. Par l'adrogation un homme *sui juris* redevenoit fils de famille. L'adoption se faisoit entre l'adoptant, l'adopté et ses parens, par le ministère du magistrat. L'adrogation étoit faite en présence et du consentement du peuple assemblé. Peu à peu, cependant, et peut-être déjà pendant cette première période, le consentement du peuple n'étoit plus regardé que comme une formalité, qu'on éludoit [2], si toutefois les pontifes ne s'y opposoient pas [3], en la faisant devant le magistrat, en pré-

---

1 Brissonius, *de verb. signif.* p. 1814. Vopisc. Valer. 14.

2 Hugo, *Geschichte des römischen Rechts; Berlin,* 1810, S. 69.

3 Il falloit le consentement des pontifes, puisque les adoptés quittoient leurs autels privés, leurs pénates et leurs fêtes religieuses, et passoient dans une autre famille. Voy. Heineccius, *Ant. rom. ad Inst. l.* 1, *t. XI,* §. 7, et Cicer. *pro domo, c.* 13.

sence de trente licteurs, qui représentoient les trente curies et votoient en leur nom.

L'adoption s'opéroit par la *mancipation* et la *cession* (*cessio in jure*). Devant le préteur [1], en présence de cinq témoins, le père naturel vendoit son fils au père adoptant, par le simulacre de la pièce de monnoie et de la balance, *per æs et libram*. Cette vente étoit trois fois répétée ; ensuite, par des paroles solennelles, le père naturel prononçoit la cession, c'est-à-dire, qu'il transféroit ses droits sur l'enfant au père adoptant. [2]

Les conditions de l'adrogation, outre que celle-ci étoit plus solennelle que l'adoption, étoient plus rigoureuses.

Il falloit, pour adroger :

1.° Être époux ou veuf ; car, comme dit HEINECCIUS [3], l'adrogation étoit introduite pour consoler de la perte d'un enfant, et non pour s'épargner la peine de se marier ;

2.° N'avoir point d'enfant naturel et légitime ;

3.° Avoir soixante ans révolus ; car, jusqu'à cet âge on étoit censé pouvoir encore espérer d'avoir des enfans. [4]

4.° Les femmes et les sourds-muets n'étoient point admis à adroger, comme ne jouissant pas du droit d'assister aux comices (*jure comitiorum*) ; les femmes, au surplus, ne pouvoient avoir la puissance paternelle.

5.° Il falloit que l'adoptant fût plus âgé que l'adopté du nombre d'années fixé pour la puberté pleine.

6.° Enfin il falloit être citoyen romain. [5]

Pour être adrogé, il falloit :

---

1 ULP. *Fragm. t. VIII*, §. 2. L. 4 *ff. de adopt.* AULU-GELLE, *l.* 5, *c.* 9.

2 ANT. SCHULTING. *Jurisprud. ante Justin. p.* 54 ; AULU-GELLE, *loco citato.* *Cf.* HEINECCII *Antiq. l.* 1, *tit.* XI, §. 15.

3 *Antiq. l.* i, *t.* XI, §. 12 ; CICERO *pro domo, c.* 15 ; L. 15, §. 2 *ff. de adopt.*

4 L. 15, §. 2 *ff. de adopt.*

5 L. 3 *ff. de his qui sui vel alien. juris sunt.*

1.° Être non-seulement *sui juris*, mais encore être mâle et hors de tutelle ; car un pupille ne pouvoit disposer de lui-même. [1]

2.° Le sourd-muet ne pouvoit l'être par la cause ci-dessus alléguée. [2]

3.° Enfin l'adrogation devoit se faire à Rome même, puisque ce n'étoit que là que se tenoient les comices. [3]

Comme l'adoption exigeoit moins de formalités, ses conditions étoient aussi plus faciles à remplir. Il étoit permis au vieillard, avant soixante ans, d'adopter, et la femme pouvoit, en certains cas, être valablement adoptée. [4]

L'effet, tant de l'adoption que de l'adrogation, pendant cette première période, étoit, comme nous l'avons déjà fait observer, la transition dans la puissance paternelle de l'adoptant. Par l'adrogation, l'adopté avec tous ses enfans, s'il en avoit, passoit sous cette puissance : par l'adoption proprement dite, il étoit absolument soustrait à l'autorité du père naturel ; il n'appartenoit plus à son ancienne famille, et le seul indice qu'il retenoit de son origine étoit le nom de sa *gens* naturelle, ajouté à son nouveau nom. [5]

§. 3.

A qui appartenoit la puissance paternelle ?

L'expression *patria potestas* nous dit déjà que c'est le père qui

---

1 Aulu-Gelle, *l.* 5, *c.* 19 : *Neque pupillus autem, neque mulier, quæ in parentis potestate non est, adrogari possunt, quoniam et cum feminis nulla comitiorum communio est, et tutoribus in pupillos tantam esse auctoritatem potestatemque fas non est, ut caput liberum fidei suæ commissum alienæ ditioni subjiciant.*

2 Aulu-Gelle, *Noct. att. l.* 5, *c.* 19.

3 Ulp. *Fragm. t. VIII*, §. 4 ; Tite-Live, *l.* 5, *ch.* 52.

4 Caji *Inst. l.* 1, *t. V*, §. 2 ; Aulu-Gelle, *l.* 5, *ch.* 19.

5 Spanheim, *de usu et præstant. numismat.*, *t. II*, p. 77 ; Dio-Cassius, *l.* 46, p. 322 ; Terent. *Adelph. act.* 5, *sc.* 7, *v.* 3. *Cf.* Jacob. Perizonii *Diss. ad div. Const. Deut.* 25, 5, p. 89.

l'exerçoit, et que la femme, surtout à Rome, où la puissance maritale s'étendoit presque aussi loin que la puissance paternelle, ne pouvoit y prétendre [1]. Mais il pouvoit arriver que le père lui-même se trouvât dans la puissance d'un de ses ascendans encore vivans. Alors, comme celui qui n'est pas *sui juris* est censé n'avoir pas de volonté libre [2]; que, ne pouvant se gouverner lui-même, il ne pouvoit en gouverner d'autres; que d'ailleurs les lois romaines regardoient comme père de famille, non pas celui qui avoit procréé des enfans, mais bien celui qui n'avoit plus d'ascendans, le petit-fils se trouvoit dans la puissance de l'aïeul [3], et ce n'étoit qu'à la mort de ce dernier qu'il passoit sous celle de son père.

Cependant la puissance de l'aïeul étoit loin d'égaler celle du père; le droit de vie et de mort ne lui étoit point accordé [4], et s'il avoit osé attenter aux jours de son petit-fils, la loi le regardoit comme parricide, et la même peine le frappoit que s'il avoit tué son propre père. [5]

Il pouvoit émanciper; mais il ne falloit qu'une seule vente pour opérer cet acte [6]: ce qui me fait croire qu'il n'avoit le droit de vendre son petit-fils qu'une seule fois, et que, si ce dernier parvenoit à être affranchi, il ne retomboit plus sous sa puissance. Mais, par-contre, il pouvoit, dans son testament, le passer sous silence et, sans l'exhéréder formellement, l'exclure de sa succes-

---

1 §. 2 I. de pat. pot. *Jus autem potestatis, quod in liberos habemus, proprium est civium romanorum.* Il n'y avoit donc que le citoyen romain qui pouvoit l'exercer, et la femme, *propter imbecillitatem sexus*, étoit éloignée de toute charge civile ou publique. L. 2 *ff. de R. J.*

2 L. 4 *ff. de R. J. Velle non creditur qui obsequitur imperio patris vel domini.*

3 L. 4 *ff. de his qui sui vel alieni juris sunt.*

4 L. 1 *ff. ad leg. Pomp. de parricid.*

5 Loi citée.

6 Ulp. *Fragm. t.* X, §. 1.

sion, ce qui n'étoit point permis au père et auroit annulé son testament[1]. Cela n'étoit cependant permis à l'aïeul que du vivant
de son fils, père du petit-fils; car alors ce dernier n'étoit point
censé être un *héritier sien*. La puissance paternelle de l'aïeul
n'étoit point établie par la loi des douze Tables; il paroît assez
probable qu'elle n'a été introduite que par les décisions des jurisconsultes, *responsa prudentum*[2]. Telle est l'opinion d'EVERARD
OTTON, qui paroît d'autant plus fondée que déjà ULPIEN a estimé
que la puissance paternelle n'a été introduite que par les mœurs et
les usages.[3]

En disant que l'aïeul exerçoit la puissance paternelle tant qu'il
vivoit, nous n'avons entendu parler que de l'aïeul paternel : l'aïeul
maternel n'avoit aucun droit ; car sa fille étoit entrée dans une
autre famille[4], et ne dépendoit plus de lui.

CHAPITRE II.

Des droits du père.

« Chez les Romains, le principe de la puissance paternelle, dit
« M. DE NOUGARÈDE[5], fut l'idée de la propriété. »

Le fils, d'après leur doctrine, n'étoit qu'une *chose :* il n'étoit
pas considéré comme une personne, n'ayant point d'état civil[6];
il n'avoit, à l'égard de son père, pas plus de droits qu'un esclave,

---

1 ULP. *Fragm. t. XXII*, §. 16.

2 EVER. OTT. *ad* §. 3 *Inst. de pat. pot.*

3 L. 8 *ff. de his qui sui vel al. juris sunt.*

4 L. 19 *ff. de stat. hom.* QUINCTIL., Declam. 259, dit : *At virgo pertinet ad patrem,
tamen nupta pertinet ad maritum.* Il met, par conséquent, la puissance maritale
à côté de la paternelle.

5 Histoire de la puiss. patern. Paris, 1801, p. 66.

6 *Persona est homo cum statu civili consideratus.* ARNOLD, *Elem. jur.* §. 61.

et le père pouvoit en disposer comme de toute autre chose qui lui appartenoit.

Je n'entrerai point ici en discussion sur les mérites de ce principe et sur les effets que son application devoit produire ; l'auteur que je viens de citer, s'est longuement étendu sur cette matière, et je ne pourrois que répéter ce qu'il a dit : il me suffira d'observer qu'il me paroît que son admiration pour les institutions romaines l'a peut-être empêché d'être tout-à-fait impartial.

De l'idée de propriété que Romulus et les lois des douze Tables attachèrent au pouvoir paternel, découlent tous ces droits terribles, et souvent barbares, qui soumettoient le fils aux caprices de son père ; nous allons les parcourir succinctement.

PREMIÈRE SECTION.
Droits sur la personne du fils de famille.

§. 1.er
Droit de vie et de mort.

L'étendue de ce droit, qu'on a si souvent exagéré, malgré les modifications qu'il a éprouvées, reste toujours encore immense. DENYS D'HALICARNASSE [1] et TITE-LIVE [2] attestent qu'il étoit illimité. Il semble, cependant, par un autre passage de DENYS et par le témoignage de CICÉRON [3], que l'exposition des enfans nouveau-nés étoit sévèrement défendue, à moins que ces enfans ne fussent nés monstrueux, et qu'alors même le père étoit obligé de les montrer à cinq de ses plus proches voisins, avant que de pouvoir les exposer. Pour ne point se contredire ici, le législateur devoit fixer un âge

---

1 Antiquités romaines, l. 2, ch. 26.
2 *Hist.* l. 1.
3 *De legibus,* l. 3, c. 8.

avant lequel on ne pourroit tuer son enfant. Montesquieu[1] observe qu'il y a parfaitement réussi, en statuant qu'avant l'âge de trois ans un enfant ne pourroit être condamné à mort par son père.

Plusieurs auteurs anciens, dignes de foi, tels que Valère-Maxime[2], Sénèque[3] et Suétone[4], parlent d'un tribunal domestique, composé des plus proches parens, présidé par le père de famille, et créé pour juger les délits et crimes commis par les enfans. Ce tribunal a-t-il déjà existé pendant la première période de l'histoire romaine? ou bien, n'a-t-il été introduit que plus tard, ou seulement sous les empereurs, dans la vue de contre-balancer l'arbitraire dans les décisions d'un seul, qui pouvoit souvent être juge et partie à la fois? Cette question me paroît devoir être résolue affirmativement pour ce qui concerne la seconde supposition. Les exemples des tribunaux domestiques allégués par les auteurs, et surtout par Sénèque et Suétone, dans quelles époques de l'histoire romaine se rencontrent-ils? C'étoit lorsque les empereurs se trouvoient déjà en possession du pouvoir souverain; c'étoit dans des temps où la dépravation des mœurs avoit déjà fait des progrès rapides et effrayans; c'étoit long-temps après la loi des douze Tables. D'un autre côté, quels sont les auteurs qui, en parlant des premiers temps de Rome et du pouvoir excessif du père, aient fait la moindre allusion qui puisse faire présumer l'existence d'un tel tribunal? Tite-Live, Denys d'Halicarnasse ne disent-ils pas formellement que c'est au père seul que compétoit cette puissance? Enfin, la loi des douze Tables, dans le fragment[5] relatif à la puissance paternelle, en parle-t-elle?

---

1 *Esprit des lois,* l. 23, ch. 22.

2 Valerius Maximus, *l.* 5, *c.* 8.

3 Senec. *de clementia,* l. 1, c. 15; et *Controv.* l. 2, c. 3.

4 Sueton. *Vita Claudii,* c. 16.

5 Jac. Godof. *in quatuor font. juris civilis, de legg. XII tab., tabula quarta,* le rapporte: *Endo (in) liberis justis jus vitæ necis venumdandique potestas esto.*

Nous pouvons donc, je crois, conclure avec certitude que ce tribunal est une institution plus récente, établie lorsque le changement de mœurs et d'usages eut rendu nécessaire la restriction d'un pouvoir devenu dangereux, et que, dans les temps prospères de la République, le père, en son nom, exerçoit seul sur ses enfans.

On a souvent prétendu que le droit de vie et de mort n'a été qu'un droit illusoire, et qu'il n'a jamais été exercé. Un des principaux partisans de cette opinion est LIBANIUS [1], qui, cependant, me paroît être facile à réfuter; car les exemples nombreux de l'exercice de ce droit, que nous citent les auteurs, nous prouvent jusqu'à l'évidence que ce n'étoit pas une vaine disposition, qui n'avoit pour but que de lever le glaive sur le coupable, sans pouvoir jamais le frapper. VALÈRE-MAXIME [2], SALLUSTE [3] et SÉNÈQUE [4], par les exemples de sévérité paternelle qu'ils nous rapportent, nous dispensent d'une plus longue discussion sur cet objet; l'histoire parle, et je n'ai besoin de citer que les noms de Brutus, de Cassius, de Manlius Torquatus et d'Aulus Fulvius, pour appuyer ce que j'avance.

§. 2.

Droit de vendre les enfans.

L'esclave, chez tous les peuples anciens et modernes, représentoit un objet de commerce. Il en étoit de même chez les Romains : le maître pouvoit le vendre et en disposer comme bon lui sembloit; mais, une fois qu'il s'en étoit dessaisi, et que l'esclave avoit obtenu son affranchissement, il n'avoit plus aucun droit sur sa personne, si ce n'est celui du patronage.

---

1 LIBANII *Declam.* 21.
2 L. 5, c. 8, §. 2; *cod.* §. 4.
3 SALLUST. *de bello Catilinario, c.* 39.
4 SENEC. *de clementia, l.* 1, *c.* 15.

Le droit de vendre ses enfans nous prouve que chez les Romains la condition de l'enfant étoit pire que celle de l'esclave : car, une fois vendu par son père, et affranchi ensuite par son nouveau maître, le malheureux fils retomboit dans la puissance de son tyran[1], qui avoit le droit horrible de le vendre jusqu'à la troisième fois, avant que le fils ne devînt *sui juris* par la troisième manumission d'un maître plus humain que son père.

Je conçois bien qu'une telle loi ait pu être rendue par le premier roi d'un peuple barbare ; mais, qu'elle ait été conservée, renouvelée trois cents ans après, l'humanité ne sauroit le concevoir : et cependant c'est ce qui s'est fait ; les décemvirs ont été assez inhumains pour la sanctionner dans la quatrième table de leur Code.[2]

Denys d'Halicarnasse, qui semble approuver une disposition aussi contraire à tous les principes, rapporte que Numa fit une loi qui renferma dans certaines limites ce pouvoir excessif. Il dit[3] que ce roi ôta au père qui avoit permis à son fils de se marier, le droit de le vendre. Cette loi, rapportée par un auteur qui n'est pas toujours fort exact, n'est attestée par aucun autre auteur, et peut, par là-même, être regardée comme suspecte. Quoi qu'il en soit, et même en admettant la distinction établie par cette loi, il reste toujours constant et prouvé par le témoignage unanime de tous les auteurs, que la loi sur la vente des enfans a été rendue au temps de la fondation de Rome, et qu'elle a été renouvelée par la loi des douze Tables.

---

1 J'ose ainsi nommer le père qui, méprisant les lois de la nature en disposant de la liberté d'un être auquel il a donné le jour, bouleverse tous les droits dont Dieu a également investi tous les hommes.

2 *Si pater filium ter venumdederit, filius a patre liber esto ... et Filios suprema patrum auctoritas esto venumdare, occidere liceto.*

3 *Antiq. rom. l.* 2, *c.* 27.

Heineccius[1] a parfaitement réfuté l'assertion de plusieurs auteurs, et entre autres de Jacques Godefroi[2], qui prétendent que la vente des enfans n'a jamais eu lieu, et qu'elle n'avoit été imaginée que comme une *legis actio*, pour consolider l'institution de l'émancipation. Il observe avec raison que les *legis actiones* n'ont été introduites que par la loi des douze Tables, et que le droit de vendre un enfant existoit de toute ancienneté.

Je ne puis me dispenser ici de faire encore une dernière observation, c'est de nous féliciter qu'enfin ces lois barbares et grossières aient disparu. Quoi qu'en disent les partisans des institutions romaines, et surtout M. de Nougarède, je ne saurois me persuader que jamais la raison ait pu approuver des excès aussi pernicieux. La sévérité n'exclut point la justice ; le glaive de la loi ne doit frapper que le coupable, et non point immoler l'innocent. Que les désordres soient réprimés et les crimes punis ; mais qu'il ne soit jamais permis à l'homme de détruire suivant son caprice l'existence et la liberté de son semblable. Encore une fois, grâces éternelles aux lumières qui ont fait disparoître des coutumes barbares et ont mis à leur place des lois dictées par la sagesse et l'équité. C'est à elles que l'on doit la protection que la justice accorde également au moindre citoyen, au mineur dépourvu de défense, comme à l'homme puissant, environné de gloire et de splendeur.

---

[1] Heineccii *Antiq. rom. l.* 1, *t.* IX, §. 6.

[2] J. Gothof. *ad leg.* XII *tabul.*, *tab.* III, p. 202 ; et Alexand. *ad Cari Inst. l.* 1, c. 3, *p. m.* 56.

§. 3.

Droit de livrer un enfant en réparation du dommage qu'il a causé (jus noxæ dandi).

Il a toujours été de principe que le maître, que le père de famille, que le supérieur même, est tenu du fait de son domestique, son enfant ou son subordonné. Les Romains, pénétrés de la justice de ce principe, ont pensé qu'il pouvoit dégénérer en abus, si on vouloit le laisser exister dans toute sa force. Ils ont donc introduit les actions appelées *noxales*. En vertu de ces actions, le maître pouvoit livrer son esclave, en réparation du dommage causé par lui; alors, renonçant au droit de propriété qu'il avoit sur lui, et aux avantages qu'il retiroit de son travail, il le faisoit regarder comme seul responsable du délit, et se plaçoit ainsi hors de toute relation avec lui.[1]

Partant de là, on a appliqué le même principe au fils de famille[2], sa condition étant à peu près la même que celle de l'esclave; mais on y ajouta une clause, en ordonnant que le fils ainsi livré redeviendroit libre dès que, par un moyen quelconque, il seroit parvenu à réparer le dommage qu'il avoit causé.[3]

Mais retomboit-il dans la puissance paternelle? Cette question ne sauroit être résolue qu'affirmativement : car, sans parler de la fraude qui auroit pu être employée, au cas contraire, pour sortir de la puissance paternelle, le droit de vendre trois fois nous prouve déjà que ce pouvoir étoit trop considérable pour qu'il soit permis de croire qu'une simple aliénation ait pu le faire cesser; et, de quelque manière qu'elle ait eu lieu, c'étoit toujours une aliénation

---

1 *Inst. h. t.*

2 L. 3, §. 4 *ff. de lib. hom. exh.*; et L. 5, §. 5, *ff. de oblig. et act.*

3 Quinctil. *Inst. orat. l.* 7, *c.* 3, et *Declam.* 311 ; Cujac. *l.* 13, *obs. cap.* 9; Salmas. *de modo usur. c.* 17, §. 18 : Ever. Ott. *Comment. in Inst. l.* 4, *c.* 8, §. 7.

que le père étoit en droit de répéter jusqu'à trois fois, avant que le fils ne devînt *sui juris*. La chose paroîtroit d'autant plus absurde que, dans cette supposition, le délit du fils auroit pu tourner à son profit, ce qui eût été contraire à l'ordre public et aux bonnes mœurs.

Il s'élève ici une autre question : c'est de savoir si le maître auquel le fils de famille étoit livré, acquéroit les mêmes droits sur lui que sur ses autres esclaves, et par conséquent aussi celui de vie et de mort. On pensera que cela devoit être ainsi, si l'on considère que, sans le pouvoir domestique (*potestas dominica*), le maître, au lieu d'obtenir la réparation du dommage causé par le fait du délinquant, se seroit vu obligé de le nourrir, sans pouvoir l'astreindre à le servir et à travailler pour lui.

§. 4.

Droit de revendiquer un enfant (jus vindicandi liberos ex jure Quiritium).

Ce droit découle du droit de propriété privilégiée romaine. De même qu'on ne pouvoit retenir la chose d'autrui, lorsque le propriétaire la réclamoit, de même on étoit forcé de représenter l'enfant, si le père le redemandoit.[1]

C'est surtout le §. 2 de la loi 1.ʳᵉ *ff. de rei vindicatione*, extrait d'Ulpien, qui énonce les actions qu'il falloit intenter en ce cas : il y en avoit plusieurs. L'on pouvoit intenter une action préjudicielle[2], ou demander l'interdit *de liberis exhibendis*. Si l'enfant avoit été dérobé furtivement, l'action *furti* étoit portée devant le préteur[3]. Enfin l'on pouvoit aussi simplement réclamer son fils

---

1 *L.* 1 *ff. de hom. liber. exhib.*
2 Heineccii *Elem. juris civilis*, §. 1093.
3 *L.* 80, §. 1 *ff. de furtis.*

par l'action en révendication, et c'est par l'exercice de cette action, surtout, que nous voyons que l'enfant n'étoit regardé que comme une propriété privée du père.

Le droit de réclamer un enfant d'entre les mains d'un tiers détenteur qui n'a aucune qualité pour le retenir, est un droit que la saine raison nous accorde, et il est conforme aux dispositions des législateurs de tous les siècles ; mais la manière par laquelle on le réclamoit, porte, comme toutes les lois romaines sur la puissance paternelle, le sceau de la sévérité, du peu d'égard pour la qualité de fils de famille, et d'un respect sans bornes pour celle de père.

§. 5.

Droit de donner le consentement au mariage de ses enfans.

Nous avons déjà vu que le fils restoit soumis à la puissance paternelle jusqu'à son émancipation ou jusqu'à la mort de son père ; mais que la fille, par l'effet du mariage, passoit dans une autre famille, et devenoit étrangère à ses parens naturels. Le droit de donner le consentement à son mariage, devenoit donc très-important ; car ce consentement opéroit une sorte d'adoption de la part du père du mari futur, ou bien du mari futur lui-même, et faisoit perdre tous ses droits au père naturel.

Pour les enfans mâles, le droit de donner le consentement au mariage n'étoit qu'une suite du droit de diriger leurs actions, lequel lui-même dérivoit du droit de vie et de mort.

Une loi des Institutes[1] regarde comme tellement essentiel le consentement du père pour valider le mariage, qu'elle le cite comme première condition ; et pour prouver combien il lui

---

[1] *Proæm. Inst. de nuptiis.*

importoit qu'on y satisfît, le législateur romain déclara que même les fils de famille soldats ne pourroient se marier sans ce consentement [1], eux qui jouissoient d'ailleurs des plus grandes prérogatives à Rome.

Le consentement, en outre, devoit se donner au moment de la célébration du mariage même ; sans cela il étoit irrévocablement nul, quand même le père, depuis, auroit changé d'opinion, et eût voulu y consentir : car un acte nul ne peut être rendu valable par un consentement postérieur [2]. Cette opinion est combattue par Huber [3], mais appuyée par Jacques Godefroi [4], dont les argumens paroissent victorieux [5]. Un père pouvoit-il contraindre son fils à rester dans le célibat ? Cette opinion se résoud affirmativement, dès qu'on considère l'étendue du pouvoir paternel et la défense faite au fils d'intenter aucune action contre son père, défense fondée sur l'unité de leurs personnes [6]. Cependant, d'un autre côté, l'on pourroit avec raison nous faire observer que, la loi punissant le célibat, et le père ne pouvant ordonner à son fils une chose défendue, la question proposée devroit se résoudre négativement. Quoi qu'il en soit, elle doit bien rarement s'être présentée ; car, comme nous l'avons déjà remarqué, les Romains regardoient une nombreuse descendance comme une faveur particulière des dieux : il étoit donc de l'intérêt du père d'engager son fils à se marier, plutôt que de l'en empêcher.

---

[1] L. 55 *ff. de ritu nupt.*

[2] Ever. Ott. *Commentar. ad Inst.* §. 7, *proœm. de nupt.*

[3] Huber, *prælect. ad Inst. de nupt.* §. 12.

[4] *Ad leg.* 152 *ff. de R. J.*

[5] Voyez encore L. 68 *ff. de jure dotium*, et L. 13, §. 6, *ff. ad leg. Jul. de adult.*

[6] L. 4 *ff. de judiciis.*

§. 6.

Droit de donner un tuteur par testament.

Ce droit renferme une exception à la règle commune, que la puissance paternelle finit avec la mort du père; car il étend cette puissance bien au-delà, en admettant le père à conférer à un tiers une partie de son autorité, et en soumettant ainsi le fils à un tuteur désigné par l'auteur de ses jours.

Tite-Live nous cite un exemple de l'exercice de ce droit[1] que la loi des douze Tables confirme déjà de la manière la plus solennelle[2]. Les termes dont elle se sert pourroient faire croire que le père avoit le droit de donner un tuteur à un enfant déjà pubère; mais cette opinion ne sauroit être soutenue, quand on pense que la tutelle romaine cessoit de plein droit à la puberté de l'enfant[3], fixée par l'empereur Justinien à l'âge de quatorze ans pour les mâles, et à celui de douze ans pour les femmes[4]. Cependant le père pouvoit aussi nommer un curateur à son enfant pubère, mais non majeur[5], furieux, prodigue ou insensé. Toutefois, dans ce cas, sa volonté n'étoit pas absolue; il falloit qu'elle fût revêtue d'une formalité : c'étoit la confirmation du magistrat.[6]

---

[1] Tit. Liv. *Hist. l.* 1, *c.* 40.

[2] Elle dit : *Pater familias uti legassit super familia, pecunia, tutelave rei suæ, ita jus esto. Cf.* L. 1 *ff. de testam. tut.;* Ulpian. *fragm. tit.* IX, §§. 14, 15 et 16 : la disposition de la loi des douze Tables y est rapportée.

[3] L. *fin.* C. *quando tut. esse desin.*

[4] L. 120 *ff. de V. S.*, et L. 73, §. 1 *ff. de R. J.*

[5] C'est-à-dire, en partant de l'âge de douze ou quatorze ans jusqu'à celui de vingt-cinq ans.

[6] Il paroît par la loi 6 *ff. de confirmando tutore vel curat.*, que cette confirmation n'étoit point arbitraire, mais que le préteur étoit obligé de l'accorder; elle dit : *Prætor eos (id est tutores vel curatores) confirmare debebit;* quoique la loi 1, §. 3, *ff. h. tit.* prétende seulement qu'il est de coutume de confirmer un curateur donné par testament.

On a lieu d'être surpris, au premier abord, de la disposition qui permettoit au père de nommer un tuteur par testament, quoique, par le même testament, il exhérédât son enfant[1]. Heineccius en a parfaitement développé les causes, en s'appuyant surtout de l'adage : *tutor primario personæ datur, non rei.*[2]

SECTION II.

Droits sur les biens du fils de famille.

§. 1.er

Droit d'acquérir par les enfans.

A Rome, le fils n'avoit rien en propre ; tout ce qu'il aquéroit passoit dans la main du père, qui étoit maître d'en disposer comme bon lui sembloit, à la charge seulement de nourrir et vêtir son enfant. Presque tous les auteurs anciens s'accordent sur ce point, nommément Denys d'Halicarnasse[3], Sextus Empiricus[4], Arrien[5], Sénèque[6] et Suétone.[7]

C'est donc contrairement à ce principe, attesté par tous les au-

---

1 *L. 4 ff. de testam. tut.*

2 Heineccii *Vorlesungen über die Elementa juris. Franof.* 1758. 1stes *Buch,* XIV*ter Titel,* §. 212.

3 *L.* 8, *c.* 79. Il dit : Les enfans, chez les Romains, n'ont rien de propre à eux du vivant de leurs pères. Les pères sont les maîtres absolus, non-seulement de tous les biens de leur famille, mais encore de la vie de leurs enfans.

4 Sext. Empir. *Pyrrhon. hypot. l.* 3, *c.* 24, dit : *Legum romanarum auctores liberos in manu parentum ad instar servorum esse voluerunt, neque suorum bonorum ipsos esse dominos, sed parentes, donec manumittantur eo modo qua mancipia solent.*

5 Arrian. *Diss. Epictet. l.* 2, *c.* 10, dit : *Filii officium est, ut, quæ habet, omnia patris esse ducat.*

6 Senec. *de benef. c.* 4, *l.* 6 : *Omnia patris sunt, quæ in liberorum sunt manu.*

7 Suetonii *Vita Tiberii, c.* 15.

teurs allégués, que deux fameux jurisconsultes, Éverard Otton[1] et Huber[2], ont soutenu que les différentes espèces de pécules des enfans, dont nous aurons occasion de parler plus tard, étoient déjà en usage du temps des rois. Ils s'appuient principalement sur deux passages de Tite-Live[3] et de Pline[4], qui, suivant eux, viennent à l'appui de cette assertion. Mais l'opinion d'Heineccius[5], qui fait remonter les pécules au temps de Jules-César, me paroît bien mieux fondée, puisque la permission accordée par cet empereur aux militaires, de faire un testament privilégié en temps de guerre, a été une suite de l'introduction des pécules, ou plutôt que ces deux institutions ont marché de front. D'ailleurs les deux passages cités par Otton et par Huber n'ont rien de commun avec un pécule, et la consécration du butin, faite par Cassius dans le temple de Cérès, peut fort bien avoir eu lieu, sans que pour cela il soit constaté que ce butin ait été la propriété privée de Cassius ; et cela est d'autant plus probable que ce n'est pas lui qui a fait cette consécration, mais son père, qui vouloit par là expier le crime commis par son fils.

Le droit d'acquérir par ses enfans, en consquence du droit de propriété que le père avoit sur leur personne, d'après l'adage de Droit, *res accessoria semper sequitur principale suum*, pouvoit encore avoir un but politique ; il retenoit non-seulement le fils sous l'autorité du père, mais il empêchoit encore le morcellement des fortunes, et rendoit, en général, le chef d'une famille seul et unique propriétaire des biens acquis par ses différens membres. [6]

---

1 Éver. Ott. *Inst. l.* 4, à Cujacio *emendat. not. crit. et commentar. Bas.* 1760, *l.* 2, *t. IX,* §. 1.

2 Huberi *Prælectiones juris civilis. Francof.* 1749, *l. cit.*

3 Tit. Liv. *l.* 2, *c.* 41.

4 Plin. *l.* 24, *c.* 4.

5 Heineccii *Antiq. rom. pars* 1, *p.* 511.

6 *Proœm. Inst. Per quas personas nobis adquir.*

Une conséquence nécessaire de ce droit étoit, que, sans le consentement du père, le fils ne pouvoit ni aliéner ni recevoir ; qu'il ne pouvoit pas non plus faire de testament, et qu'en général il ne pouvoit valablement concourir à aucune affaire importante de son propre chef. [1]

Il suivoit encore de là, qu'il n'y avoit aucune action entre le père et le fils, l'un et l'autre étant regardés comme une seule et même personne [2], et que toute obligation, contrat, promesse et stipulation quelconque, passée entre eux, étoit nulle de droit, par la raison que le père, ayant une souveraine puissance sur son fils, ne pouvoit être obligé de remplir son engagement, et qu'il n'y a pas d'obligation parfaite là où il n'y a point de moyens coërcitifs pour en assurer l'exécution.

§. 2.

Droit de substituer pupillairement à ses enfans.

La substitution, en général, est l'institution d'un second ou troisième successeur, à défaut du premier. Elle est ou *directe*, ou *fidéicommissaire*, appelée aussi *oblique*.

La substitution *directe* se subdivise en substitution *vulgaire*, *quasipupillaire* et *pupillaire*. Cette dernière est l'institution d'un héritier aux fins de recueillir la succession d'un impubère qui se trouve sous la puissance du testateur, dans le cas où il décéderoit avant d'avoir acquis l'âge de puberté. [3]

La cause de cette institution fréquemment usitée chez les Romains, étoit la même que celle de l'adoption. *Sacra privata perpetua manento*, disoient les XII Tables, et, pour suivre ce précepte, de peur que par la mort d'un fils unique et encore impubère

---

1 *Proœm. Inst. quib. non permiss. est testam. fac.*

2 *L. 4 ff. de judiciis*, §. 6 *Inst. de inutilib. stipul.*

3 §. 1 *Inst. de pupill. subst.; L. 1, §. 1, ff. de vulg. et pupill. subst.*

l'héritage ne se trouvât, morcelé, ou bien ne restât entièrement vacant, on nommoit un successeur à son enfant. Cette nomination, ce me semble, équivaloit à une adoption, et produisoit les mêmes effets, avec cette différence, cependant, que le substitué jouissoit de tous les avantages que pouvoit avoir l'adopté, mais qu'il n'avoit aucun de ses devoirs à remplir.

La faculté de substituer pupillairement à un enfant impubère, pour la succession du père, reçut encore une extension par la faculté de la substitution accordée au père, dans le cas même de l'exhérédation dont il frappoit le fils [1]. On seroit fondé à envisager cette disposition comme contradictoire, si l'on ne se rappeloit qu'après la mort du père le mineur impubère pouvoit acquérir des biens par donation ou succession, et que ces biens passoient tous, après sa mort, à l'héritier substitué, quoiqu'ils ne fussent pas provenus du père. L'antiquité de l'existence de ce droit est attestée par ULPIEN. [2]

§. 3.

Droit d'exhéréder un enfant.

Illimité pendant toute la durée de cette période, le droit d'exhéréder ses enfans n'étoit pas une des moindres attributions de la puissance paternelle. Institué pour retenir dans la subordination et dans la soumission l'enfant dénaturé pour qui la malédiction paternelle n'avoit rien de terrible, mais qui reculoit à l'idée de l'indigence et de la misère qui l'attendoit, il ne devenoit nuisible que par l'abus qu'on en pouvoit faire. Toutefois il n'étoit pas à craindre que les pères préférassent fréquemment des étrangers à leurs propres enfans : il étoit trop honorable de laisser après sa mort des descendans dignes de perpétuer le nom, les vertus et la

----

[1] §. 4 *Inst. de pupill. subst.*
[2] L. 2 *ff. de vulg. et pupill. subst.*

gloire de la famille, pour que, sans des motifs extrêmement graves et rares, on les exposât à la misère.

Quoi qu'il en soit, les jurisconsultes Ulpien[1] et Paul[2] attestent que ce droit a été conservé par la loi des XII Tables avec toute l'étendue qu'il avoit du temps des rois.

Tel fut l'état de la puissance paternelle dans les premiers temps. L'aperçu que je viens d'en donner, paroîtra sans doute suffisant pour faire connoître les différens changemens que cette institution a successivement subis. Qu'il me soit permis de le terminer par la remarque générale, qu'aucun peuple de l'antiquité n'avoit étendu aussi loin les bornes de la puissance du père. « *Jus autem po-* « *testatis*, dit l'empereur Justinien, *quod in liberos habemus,* « *proprium est civium romanorum; nulli enim alii sunt homi-* « *nes, qui talem in liberos habent potestatem, quam nos habe-* « *mus.* »[3]

CHAPITRE III.

Comment finissoit la puissance paternelle.

A Rome il n'y avoit point de majorité pour l'enfant, du vivant de son père; car, dans la règle, la puissance paternelle ne s'éteignoit que par la mort[4]. Néanmoins il y avoit des cas particuliers où elle cessoit, soit par la volonté expresse du père, soit nécessairement; il y en avoit d'autres où l'exercice en étoit seulement suspendu pendant un certain temps. Dans la suite, le nombre de ces cas fut singulièrement augmenté par les empereurs; mais dans l'origine, et pendant toute la première période, ils étoient fort rares. La déportation même n'y doit pas être

---

1 Ulp. *Fragm. tit. XI*, §. 14.
2 L. 11, *in fine, ff. de liber. et posthum.*
3 §. 2 *Inst. de pat. pot.*
4 Heineccii *Antiq. rom. l. 1, tit. XII, §. 1.*

8

rangée, puisque, jusqu'au temps de Cicéron, nous ne trouvons aucun exemple de cette peine. En effet, la condamnation à l'exil prononcée contre Collatin et Coriolan ne peut point être qualifiée de déportation, puisque non-seulement on ne leur assigna aucun lieu de retraite (qui auroit nécessairement dû être situé dans l'étendue du territoire romain), ce qui est le caractère essentiel de cette peine, mais que même il est encore douteux si la perte de la qualité de citoyen étoit ou non inhérente à la condamnation à l'exil. Il ne sera donc question de la déportation, comme cause d'extinction de la puissance paternelle, que dans la seconde période du présent tableau historique.[1]

$$\S. \ 1.^{er}$$

Des causes qui faisoient cesser entièrement la puissance paternelle.

Ces causes sont :

1.° La mort naturelle de l'aïeul, du père ou de l'enfant. Néanmoins il pouvoit arriver que l'enfant, par la mort de celui dans la puissance duquel il se trouvoit, ne devînt pas *sui juris;* car, si ce dernier étoit son aïeul, le fils retomboit de droit sous la puissance de son père, qui, à son tour, devenoit père de famille[2]. Cette règle souffroit une exception, comme nous l'apprend Cajus[3], lorsque le grand-père avoit émancipé son fils, et que son petit-fils étoit resté en sa puissance ; alors, à la mort du grand-père, le petit-fils ne retomboit point en la puissance de son père, mais il devenoit *sui juris*, quoique ce dernier existât encore. Il est probable que cette loi existoit déjà pendant cette première

---

1 L. 1.er, tit. XVI, §. 9 de l'ouvrage de Heineccius susmentionné. Il attribue la loi sur la déportation à l'empereur Auguste.

2 Vinnius *ad proœm. Inst. quib. mod. jus pat. pot. solv.*

3 Caji *Inst. l. I, t. VI, §. 1.*

période; car dans ce temps l'émancipation, comme nous le verrons plus bas, opéroit une entière exclusion des droits de famille, et faisoit perdre à l'émancipé jusqu'à ses droits de succession sur les biens de son père, ce qui ne s'étendoit pas à sa postérité, laquelle étoit toujours traitée comme étant restée dans la famille et comme sujette à la puissance, non du père émancipé, mais de l'aïeul. L'émancipation étoit regardée alors comme une peine, plutôt que comme un avantage ou une récompense due à l'expérience ou à la sagesse prématurée du fils.

2.° La perte de la liberté, du droit de cité ou du droit de famille : c'est ce que les Romains appeloient *capitis diminutio*.

Caput, parmi eux, signifioit l'état civil, l'état de liberté, de cité et de famille. De là vient que les esclaves étoient considérés comme *capite destituti*. *Capite censi* étoient ceux qui, d'après la division du peuple en six classes, faite par Servius Tullius, se trouvoient dans la dernière classe, et qui, à cause de leur indigence, n'étoient point inscrits dans les tables du cens (*tabulæ censuales*) ou registres d'estimation des biens servant à la répartition des impôts et charges publiques[1]. *Capitis diminutio* étoit donc, non comme il est dit aux Institutes, tout changement d'un premier état, mais bien la perte de l'état civil[2]. Elle étoit, ou grande (*maxima*), ou moyenne (*media*), ou petite (*minima*). La première entraînoit la perte des droits de liberté, de cité et de famille; la seconde, celle du droit de cité et de famille, et la dernière, celle du droit de famille seulement.[3]

La grande *capitis diminutio* étoit prononcée :

1) Contre ceux qui s'étoient soustraits au service militaire, ou au cens;[4]

---

1 Heineccii *Antiq. rom. de capit. diminut.* §. 1.

2 Hœffner, §. 187, et *Inst. hoc tit.* §. 1.

3 L. ult. ff. *de cap. diminut.*

4 Denys d'Halic. l. 4; Cicer. *pro A. Cæcina*, c. 24; Ulp. *Fragm. tit. XI*, §. 11.

2) Contre les citoyens romains prisonniers de guerre chez les ennemis, quoique, comme nous le verrons par la suite, ils recouvrassent leur état primitif en rentrant chez eux en vertu du *jus postliminii ;* [1]

3) Contre ceux qui se trouvoient être condamnés à une peine servile. Ces peines étoient :

(1) Celle du feu ;

(2) Les travaux forcés (*metalla*) ;

(3) Celle d'être jeté aux bêtes sauvages ; [2]

(4) La condamnation prononcée contre les majeurs de vingt ans qui vendoient leur liberté ; [3]

(5) Celle dont étoient frappées les femmes qui persistoient dans un commerce honteux avec l'esclave d'autrui, sans égard à trois sommations réitérées de la part du maître de l'esclave. [4]

La *moyenne capitis diminutio* s'opéroit par la condamnation à l'exil, qui se prononçoit par l'interdiction de l'eau et du feu. Par suite de cette punition, l'on perdoit son état de citoyen, et l'on n'étoit plus regardé que comme étranger [5].

La *petite capitis diminutio* résultoit du mariage, pour les femmes ;

---

1 Cicero, *in Topic.*, cap. 8 ; §. 5 *Inst. quib. mod. jus pat. pot. solvit.*

2 L. 29 *ff. de pœn.* ; L. 6, §. 6, *ff. de injust. rupt. irrito fact. testam.* Plinii *epist.* 10, 40 ; Tertull. *apolog.* 27 ; Cujacii *Observ.* 15, 22 ; Gothofr. Arnoldi *Hist. Christ. damn. ad metall.* §. 8, apud Thomasii *Histor. sapientiæ et stultitiæ.*

3 Plautus *in Pers. act.* 1, s. 3, v. 55 ; act. 3, s. 1 ; act. 4, s. 3, v. 9. LL. 1 et 3 *ff. quib. ad libert. proclamare non licet.*

4 Petron. *Satyr.* p. 127 ; Paull. *Sent. rec.* II, 21 ; Tertull. *ad exor.* II, c. 8.

5 §. 2 *Inst. de capit. diminut.* La rélégation ne faisoit point perdre la puissance paternelle, comme le prouve le §. 2 *Inst. quib. mod. jus pat. pot. amittit.* Il y est dit : *Relegati autem patres in insulam in potestate sua liberos retinent, et ex contrario liberi relegati in potestate parentum remanent.*

Cf. Ever. Ott. l. 2, c. 12, §. 2 ; et Heineccii *Antiq. rom.* l. 1, t. XVI, §. 9.

de l'adoption, et de l'émancipation. L'entrée dans le collége des *flamines diales* et des vestales opéroit le même effet. [1]

L'émancipation, dans les temps dont nous parlons, ne se faisoit que d'après le mode connu depuis sous le nom *d'ancien, emancipatio vetus*. Elle se définit chez les jurisconsultes : *actus legitimus, quo liberi ex patria dimittuntur potestate, ita ut sui juris fiant.*

Il est intéressant de connoître les formes de l'ancienne émancipation.

Elle se faisoit au moyen d'une fiction. Nous avons déjà vu que le père avoit le droit de vendre *trois fois* son fils, et qu'après la troisième manumission seulement ce dernier devenoit *sui juris*. Le père qui avoit le dessein d'émanciper son fils, le vendoit, en conséquence, devant le préteur, fictivement à un tiers, par le rit de la balance et de la pièce de monnoie; celui-ci l'affranchissoit, et, après la troisième vente, le fils sortoit de la puissance paternelle. Mais, pour avoir sur lui les droits de patron, le père le rachetoit de l'acheteur fictif; alors le fils devenoit son esclave, et c'est en cette qualité qu'il étoit affranchi. [2]

---

1 §. 5, *t.* X, *Fragm.* ULP. Le *flamen dialis* étoit un prêtre consacré au service des autels de Jupiter; outre le privilége que nous venons d'indiquer, il avoit celui de marcher précédé d'un licteur, il avoit place au sénat, et d'autres avantages qui lui étoient communs avec les prêtres saliens. Voy. AULU-GELLE, l. 10, ch. 15. Numa passe pour l'avoir institué. Voy. ROSINI *Antiq. rom.* 1640, *in-*4.°, p. 293 *et* 294.

On donne aux vestales une origine plus ancienne. ROSINUS prétend (p. 301) qu'Énée, en arrivant en Italie, fonda leur culte : choisies à l'âge de six à dix ans, elles faisoient vœu de consacrer trente années de leur vie à la *virginité* et au service de la déesse Vesta : elles passoient les dix premières à apprendre les devoirs de leur état, les dix suivantes à les exercer, et les dix *dernières*, enfin, à l'instruction des jeunes filles qui se consacroient au même ministère. Voyez ESCHENBURG's *Handbuch der classischen Litteratur*, *Berlin*, 1783, *in-*8.°, S. 445. Comme les prêtres de Jupiter, elles étoient précédées d'un licteur; et s'il arrivoit qu'elles rencontrassent un malfaiteur que l'on conduisoit à la mort, elles avoient le droit de lui faire grâce, etc.

2 HEINECCII *Antiq. rom. l.* 1, *t.* XII, §. 5 — 12.

Pour rendre cet acte plus solennel, il falloit la présence de cinq citoyens romains pubères, convoqués à cet effet; il falloit, de plus, une personne appelée *libripens*, et une autre appelée *antestatus :* la première tenoit la balance d'airain; l'*antestatus* étoit un témoin qui, en se touchant les oreilles, prononçoit ces mots : *Memento quod et mihi in illa causa testis eris.* D'autres auteurs prétendent, cependant, que les fonctions de l'*antestatus* ne consistoient qu'à convoquer les témoins. [1]

Celui qui achetoit le fils vendu, s'appeloit *pater fiduciarius*, pour le distinguer du *pater naturalis*, et pour faire sentir en même temps que l'acte qu'il faisoit n'étoit qu'un acte de pure formalité et que la vente du fils n'étoit qu'une vente simulée. Du reste, pour que cet acte fût valable, il n'étoit pas nécessaire que les trois ventes fussent faites en un seul jour et devant les mêmes témoins. Souvent il s'écouloit un assez long intervalle entre les premières ventes et la dernière, qui pouvoit se faire en présence de tous autres témoins que ceux qui avoient assisté à celles-là.

Cette triple vente, cependant, n'étoit point nécessaire pour l'émancipation d'une fille ou d'un petit-fils; une seule suffisoit pour ceux-ci. [2]

Les conditions essentielles pour la validité de cet acte étoient :

1.° Qu'il se fît avec solennité;

2.° Qu'il eût lieu expressément [3];

3.° Qu'il fût l'effet de la libre volonté du père. Ce n'est que dans les temps postérieurs, après que la puissance paternelle eut

---

1 Merill. *Obs.* 8, 37; Faid. Baum. *de leg. Cinc.* 13, 14.

2 Voy. part. 2.°, période 1.re, ch. 1.er, §. 3, et Ulp. *Fragm. t. X,* §. 1.

3 Leyser, dans ses *Meditationes ad Pandectas, specimen* 21, §. 2, cherche à prouver, d'après les lois 1.re C. *de pat. pot.; proœm. leg.* 26 *ff. de adopt.,* et L. 3 C. *de emancip.,* et conformément à l'avis de plusieurs jurisconsultes, qu'il y avoit aussi une émancipation tacite; mais il a été parfaitement réfuté par Bœhmer, *Exercit. ad Pand. t. I,* p. 944.

subi différentes restrictions, que les empereurs ordonnèrent que, dans certains cas, le père pourroit être obligé d'émanciper, ou bien, que l'émancipation auroit lieu de plein droit.

4.° Que le fils ne fût pas émancipé malgré lui. Ce principe fut également modifié par les empereurs, mais pour certaines causes seulement. Néanmoins il paroît que le père avoit déjà, dans cette période, le droit d'abdiquer son enfant, ce qui, comme l'observe HœPFNER[1], ne doit point être confondu avec l'émancipation involontaire de la part du fils; car par l'abdication il cessoit d'avoir aucune espèce de relation avec son père[2], tandis que, malgré l'émancipation, ce dernier conservoit toujours les droits de patronage sur lui.[3]

§. 2.

Des causes qui suspendoient momentanément la puissance paternelle.

C'étoient les suivantes :

1.° Certaines dignités obtenues par le fils, et qui auroient rendu impossible l'exercice des droits attachés à la puissance paternelle. Ces dignités étoient, entre autres, le consulat, le tribunat, la préture, et surtout la dictature. Durant tout le temps que le fils étoit en fonctions, le père n'avoit aucun droit sur lui, et sa puissance étoit censée ne point exister; mais elle renaissoit du moment que le fils rentroit dans la vie privée, et il n'étoit pas rare de le voir accuser devant le tribunal domestique pour s'être mal conduit dans l'exercice de sa charge, et de le voir condamner par son père à telle peine qu'il jugeoit à propos.

---

1 HœPFNER, §. 159, Note 2.

2 QUINCTIL. *Inst. orat. l.* 3, c. 8.

3 Des exemples d'abdication se trouvent cités dans VALER. MAXIM. *l.* 5, c. 7, §. 2; *l.* 5, c. 8, §§. 3 *et* 4. *Cf.* BRISSON, *de verb. signif.* 1744, *voce* Abdic.

L'histoire romaine nous présente même l'exemple de pères osant arracher du haut de la tribune leurs fils pendant qu'ils parloient en faveur du peuple contre les intérêts des patriciens, les traîner à travers la place publique sans que personne osât prendre leur défense, et les punir à leur discrétion ; et tel étoit le respect que l'on portoit à la loi, que les consuls, les tribuns du peuple, enfin, le peuple lui-même, d'ailleurs si fier de son autorité, et au moment même qu'il venoit d'applaudir l'orateur fils de famille, étoient obligés de garder le silence et de laisser un libre cours à l'exercice d'un pouvoir légitime. [1]

2.° La captivité du père ou du fils chez l'ennemi [2]. Par une fiction de droit, le retour de la captivité en détruisoit tellement les effets, qu'on étoit censé n'avoir jamais été absent [3]; c'est ce qu'on appeloit *jus postliminii.* Les jurisconsultes sont partagés sur la question de savoir si le mot *postliminium* étoit emprunté de l'idée du retour du captif dans le territoire de la république (*intra limites*), comme le prétend Tribonien [4] et après lui Menage [5], ou bien de ce qu'il franchissoit de nouveau le seuil (*limen*) de sa maison, comme le pense Heineccius [6]. Quoi qu'il en soit, la fiction de droit dont nous parlons, étoit en usage dès le commencement de la république, et s'est soutenue pendant toute sa durée : elle réintégroit le père dans la plénitude des droits attachés par les lois à la puissance paternelle.

---

1 Voyez Denys d'Halicarnasse, l. 2, ch. 26, et les fréquens exemples cités par Valère Maxime.

2 *Caji Inst. l.* 1, *c.* 6, §. 3, et Cicer. *Topica, c.* 8.

3 §. 5 *Inst. quib. mod. jus pat. pot. solv.*

4 §. 5 *ff. quib. mod. pat. pot. solv.*

5 *Amœnit. jur. civ. c.* 39, p. 327.

6 *Antiq. rom. l.* 1, *t. XVI,* §. 4.

SECONDE PÉRIODE.

DEPUIS LA LOI DES XII TABLES JUSQU'A CICÉRON.

Les temps que nous venons de parcourir, nous présentent le tableau des efforts du peuple pour se mettre au niveau des nobles, qui possédoient seuls tous les emplois, et pouvoient seuls être élus aux principales dignités et charges publiques. Cependant il obtint, dans cette première période déjà, des concessions favorables, à la suite de sa retraite sur le mont Aventin. La nomination de deux tribuns[1] fut le commencement de son émancipation politique. Aussi ces nouveaux magistrats, chargés de le représenter et de soutenir ses droits contre les usurpations du sénat et des nobles, après avoir provoqué la confection de la loi des douze Tables, cherchèrent de plus en plus à garantir le peuple contre les prétentions des patriciens. Ils osèrent citer devant leur tribunal les consuls mêmes, pour rendre compte de leurs actions. Tout leur réussit, et peu à peu ils formèrent l'audacieux projet d'appeler les plébéiens eux-mêmes à cette suprême magistrature. Malgré la résistance opiniâtre des patriciens, au milieu de l'anarchie qui régna quelque temps à Rome, les tribuns réussirent à faire nommer, en 387, un consul plébéien. Toutefois il resta encore des emplois exclusivement occupés par les patriciens, tels que ceux de préteur et d'édiles : le premier de ces magistrats étoit chargé de l'administration de la justice, et les autres, de la police, des jeux publics (dont ils faisoient seuls les frais) et, en général, de tout ce qui concernoit l'ordre intérieur de la ville. Ces divers emplois, d'après les auteurs,

---

[1] Leur nombre fut augmenté par la suite.

furent créés dans la même année 387 [1]. C'étoit une espèce de dédommagement offert à la noblesse, qui se consola, par la possession exclusive de ces emplois secondaires, de se voir obligée de partager la puissance souveraine avec le peuple. Mais cette dernière satisfaction même lui fut enlevée par les tribuns jaloux, et de proche en proche tous les emplois furent occupés indistinctement par les patriciens et par les plébéiens.

Au milieu et par suite de ces discordes intestines, il se forma insensiblement deux nouvelles branches, tant de Droit écrit, que de Droit non écrit ou coutumier : les plébiscites et les sénatus-consultes, qui appartiennent au Droit écrit ; les édits des préteurs et les avis des jurisconsultes, qui se réfèrent au Droit non écrit. Les plébiscites, rendus par le peuple séparé des patriciens, sur la demande d'un tribun [2], sont une preuve évidente des grands avantages qu'assura l'institution des tribuns à la classe inférieure des citoyens.

Mais, si ces magistrats populaires parvinrent à faire obéir le sénat aux lois qu'il leur plaisoit de faire rendre par le peuple, le sénat, de son côté, acquit aussi le droit de faire obtempérer ce dernier aux ordres qui émanoient de lui seul. Théophile [3] nous apprend qu'on convint, du temps de Hortensius et sur sa proposition, que mutuellement un corps se soumettroit à ce qui seroit décrété par l'autre. Il résulte de là que ce n'est pas seulement du temps de l'empereur Tibère que les sénatus-consultes obtinrent force de loi, mais que déjà bien avant lui ils avoient acquis cette qualité [4] ; ce qui

---

1 Hugo, *Geschichte des römischen Rechts*, §. 123.

2 §. 6 *Inst. de jure nat. gent. et civil.*

3 Paraphrase des Institutes, §. 5 du tit. 2, l. 1.

4 Parmi les auteurs qui ont soutenu cette opinion se range principalement Ever. Otton, dans son Commentaire, l. cit., l. 1, tit. 2, §. 5, et Hoeffner, §. 38.

est encore prouvé par des passages de CICÉRON[1], d'HORACE[2], de POMPONIUS[3] et des Institutes.[4]

Les préteurs, dès leur première institution, eurent le droit de publier une série de propositions et de les faire afficher, pour faire connoître au public les principes qu'ils entendoient suivre dans l'exercice de leur juridiction. Le nombre de ces propositions, qu'on appela *édits*, s'accrut successivement, chaque préteur, à son entrée en fonctions, y ajoutant ce qu'il jugeoit nécessaire pour remédier aux défectuosités que l'expérience avoit fait reconnoître dans l'état de la jurisprudence. Ces édits eurent force de loi, non comme droit écrit, ainsi que les plébiscites et les sénatus-consultes, mais bien comme droit introduit par l'usage.[5]

Nous verrons dans la prochaine période que, sous l'empereur Adrien, ils furent réunis en un seul corps, qui reçut le nom d'*édit perpétuel* (*edictum perpetuum*), et devint ainsi Droit écrit[6]. Le droit résultant de ces édits fut aussi connu sous le nom de *droit honoraire* (*jus honorarium*), des honneurs attachés aux magistratures desquelles il tiroit son autorité.[7]

De toutes les branches du Droit non écrit, celles qui avoient le moins d'autorité, c'étoient les avis ou réponses des jurisconsultes[8], qui long-temps n'eurent point de force obligatoire en justice. Ils l'obtinrent par la grande réputation de plusieurs d'entre

---

1 *Topica*, c. 5.

2 *Qui consulta patrum, qui leges juraque servat.*

3 L. 2, §§. 9, 10 et 11 *ff.* de orig. jur.

4 §. 3 *Inst. de jur. nat. gent. et civ.*, et §. 7, L. 7 *ff.* de pactis.

5 CICERO, *de inventione rhetorica*, l. 2, c. 22.

6 EUTROPII *Brev. hist. rom.* l. 8, c. 9; voyez encore *Historia edictorum et edicti perpetui in opusculis posthumis* HEINECCII; Halæ, 1744, un vol. in-4.°

7 §. 7 *Inst. de jure nat. gent. et civ.*; L. 7, §. 1 *ff.* de just. et jure; L. 52, §. 6 *ff.* de oblig. et act.

8 §. 8 *Inst. de jure nat. gent. et civ.*

eux, au point que leurs opinions furent regardées comme infail-
libles, et suivies comme telles par les tribunaux. [1]

C'est de ces nouvelles sources du Droit que découlèrent tous les
changemens qui furent introduits dans la matière de la puissance
paternelle.

Parmi les événemens les plus importans et qui ont eu le plus
d'influence sur la législation de Rome, la décadence du patriciat
et l'élévation des plébéiens est sans doute le plus remarquable.
Éloignés originairement de toutes les charges supérieures de la république; traités, non comme citoyens libres d'un État indépendant,
mais bien comme sujets d'une minorité orgueilleuse, les plébéiens
parvinrent peu à peu à faire respecter leurs droits, à prétendre aux
mêmes honneurs que les nobles, si le mérite personnel les y appeloit, et à faire abroger cette loi ignominieuse qui les regardoit
comme indignes de prétendre à l'alliance avec un patricien.
« C'étoit obtenir beaucoup, trop peut-être pour établir la dé-
« mocratie, dit Montesquieu [2] : le peuple choqua les principes
« mêmes de la démocratie. Il sembloit qu'une puissance aussi
« exorbitante auroit dû anéantir l'autorité du sénat. Mais Rome
« avoit des institutions admirables ; elle en avoit deux, surtout:
« par l'une, la puissance législative étoit réglée ; par l'autre, elle
« étoit bornée. » Ces deux institutions étoient : la charge de
censeur, et celle de *dictateur*. Les droits et les pouvoirs de
ces magistrats sont trop connus pour qu'il soit besoin de les énu-
mérer ici. Eux seuls pouvoient encore contre-balancer la puissance
du peuple, et lui faire tenir un juste milieu entre la liberté et la
licence ; eux seuls n'étoient soumis à aucune responsabilité envers lui, relativement à l'exercice de leurs fonctions. [3]

---

1 Ciceronis *Topica*, c. 5; Gebauer, *Exercit. ad Inst. t.* 1, p. 166 *seq.*
2 Esprit des lois, l. XI, ch. 16.
3 Nieuport, *Rituum, qui olim apud Romanos obtinuerunt, succincta explicatio.*
Berolin. 1767, S. 2, C. 8 et 9.

Passons maintenant aux changemens opérés dans les lois sur la puissance paternelle pendant cette période, en commençant par les modes d'acquérir cette puissance.

CHAPITRE PREMIER.

Modes d'acquérir la puissance paternelle.

Le mariage et l'adoption sont toujours encore les seules sources des droits du père de famille. Le lien conjugal, par l'effet de la décadence des mœurs, s'est beaucoup relâché. La répudiation est déjà en usage, et vers la fin de cette période elle a acquis une vogue telle que les personnes les plus distinguées de l'État ne dédaignent pas d'y recourir pour des motifs d'intérêt[1]. Cependant le premier exemple de divorce ne se trouve que vers l'an 520[2], et encore fut-il regardé comme ignominieux pour le mari qui l'avoit donné[3]. Il est incontestable qu'en cas de répudiation les enfans, sans exception et malgré toute stipulation contraire, restoient au père, et qu'ils devenoient étrangers à leur mère, qui rentroit alors dans le sein de sa famille.

Par la facilité accordée aux maris de répudier à leur gré leurs femmes, le mariage devint peu à peu une affaire de spéculation et d'intérêt. L'autorité des lois les plus sacrées pour l'homme s'affoiblit, et les rapports des époux et des parens entre eux devinrent l'objet de dissertations antisociales et de démonstrations sophistiques. Les mœurs s'en ressentirent, et la dépravation, partant de

---

1 Comme p. ex. Antoine et Auguste.

2 Suivant AULU-GELLE, l. 4, ch. 3, ce fut l'an 523 qu'eut lieu la première répudiation.

3 DENYS D'HALICARNASSE et VALÈRE MAXIME disent que Sp. Carvilius Ruga, voyant qu'il ne pouvoit avoir d'enfant de sa femme, la répudia ; mais que, pour cette cause, il fut persécuté par la haine publique durant toute sa vie. DENYS D'HALIC. l. 2, et VALÈRE MAXIME, l. 2, ch. 4.

ce point central, se répandit bientôt sur toutes les autres relations politiques et civiles.

Il ne fut rien changé aux lois de l'adoption, et il paroît même que celle-ci devint plus fréquente dans cette période. Les nombreuses guerres que la République eut à soutenir, amenèrent l'extinction de beaucoup de familles anciennes, tant nobles que plébéiennes ; on y suppléa par l'adoption de jeunes gens qui étoient à charge à leur propre famille, trop nombreuse peut-être, et qui étoient bien aises de se procurer un établissement.

Une autre cause de ces fréquentes adoptions fut, qu'à partir de l'époque où les plébéiens commencèrent à s'élever au-dessus des patriciens, et surtout où leurs tribuns s'emparèrent d'un pouvoir presque sans bornes, beaucoup de jeunes patriciens cherchèrent à se faire adopter par des hommes du peuple, soit pour avoir le droit d'aspirer à cette dignité, et pour faciliter ensuite les desseins des nobles, ou bien aussi pour seconder les vues du peuple et s'en faire aimer. [1]

Nous avons vu précédemment quelles étoient les différentes manières d'adopter. Dans la présente période nous en rencontrons une nouvelle, *l'adoption par testament;* par elle, le citoyen qui se voyoit mourir sans descendans légitimes, pouvoit désigner par testament un fils de famille ou un homme *sui juris*, pour succéder à son nom et à tous ses biens. [2]

Il est vrai que ce n'étoit pas là proprement une *adoption*, puisqu'elle restoit sans effets à l'égard de l'adoptant décédé, [3] mais

---

1 Les premiers tribuns sortis de la classe des patriciens furent S. Tarpejus et A. Haterius, nommés en 3o5. Voy. Tit. Liv. *Hist. l.* 3, *c.* 65. *Cf.* Vertot, *Révolutions romaines*, liv. 6.

2 Appien, *Bell. civ. l.* 3, *c.* 14 *et* 94, qui parle de l'adoption testamentaire d'Auguste par son oncle Jules-César.

3 C'est pour cette cause aussi qu'Ulpien ne parle point de ce mode d'acquérir la puissance paternelle.

c'étoit aussi plus qu'une simple institution d'héritier ; car l'adopté prenoit le nom de famille de son père adoptif, et il est probable qu'en cas d'acceptation de la part du premier, l'adoptant pouvoit exercer sur lui, par le même testament, les droits qui compétoient au père naturel sur son fils, c'est-à-dire, qu'il pouvoit lui nommer un tuteur, lui substituer pupillairement, s'il étoit encore mineur, disposer de son pécule, et peut-être l'exhéréder.

Une condition étoit toutefois nécessaire pour rendre cette adoption valable, c'étoit de la faire agréer par l'assemblée du peuple[1]. Cette formalité étoit indispensable : car, en consentant à l'adoption, le peuple renonçoit à son droit de succession sur les biens du décédé ; il souffroit qu'un citoyen prît le nom d'une famille à laquelle il n'appartenoit pas et quittât le sien, et il autorisoit ainsi des changemens qui intéressoient l'ordre social et chaque citoyen en particulier. Au reste, il paroît que l'adoption par testament n'a été introduite que vers la fin de cette période ; car le premier exemple que nous en trouvons, est celui d'Auguste : mais, comme APPIEN en parle comme d'une chose déjà usitée, c'est à cette période que j'ai cru devoir en rapporter l'origine.

CHAPITRE II.

Des droits du père de famille sur ses enfans.

Le caractère des Romains s'étant beaucoup adouci par leurs relations avec les Grecs, leur sévérité farouche ayant fait place à une humeur plus sociable, leurs lois s'en ressentirent aussi ; et quoique les droits attachés par les douze Tables à la majesté paternelle n'eussent éprouvé aucune abrogation solennelle, cependant nous ne voyons pas qu'on ait fait usage de ceux d'entre eux qui étoient les plus sévères à l'égard des enfans, si nous en exceptons

---

1 Voy. APP. *bell. civ. loc. cit.*

toutefois le droit de vie et de mort, que de zélés patriotes regardèrent comme seul capable encore de retenir les enfans dans leur devoir. Témoin A. Fulvius [1], sénateur romain, qui ordonna le supplice de son fils, parti de Rome pour rejoindre le rebelle Catilina, et qui avoit été arrêté en chemin. Cet exemple sévère d'autorité paternelle fut aussi le dernier. Auguste, dans la période suivante, institua un conseil de famille pour juger de semblables délits, et le présida lui-même. [2]

Le droit de vendre, quoique existant encore, ne fut plus exercé. Le Romain civilisé eut horreur de ce trafic; mais il s'en réserva toutefois la faculté pour des circonstances extraordinaires, et peut-être aussi pour en imposer aux enfans et les mieux retenir dans l'obéissance.

Les droits de livrer l'enfant délinquant et de le revendiquer, restèrent dans toute leur vigueur, ainsi que celui de donner le consentement à son mariage; et quoique, pendant cette période, les soldats, fils de famille, eussent obtenu de grands priviléges, qui furent encore étendus par la suite, cependant le respect que l'on continua à porter à la puissance paternelle, empêcha de les dispenser de cette formalité. *Nam etiam militibus*, dit le jurisconsulte ULPIEN, *pietatis ratio in parentes constare debet; quare, si filius miles in patrem aliqua commisit, pro modo delicti puniendus est.* [3]

Le droit de donner un tuteur par testament resta sans restriction, quoique les jurisconsultes ne fussent point encore tombés d'accord sur l'époque précise de la puberté, qui ne fut fixée d'une manière légale que par JUSTINIEN. [4]

Les lois rendues pendant cette période, touchant les droits des

---

1 SALLUST. *Catil. c.* 39.

2 NOUGARÈDE, Hist. de la puiss. pat. p. 109.

3 L. 1 *ff. de obsequiis parentibus et patronis præstandis.*

4 L. *fin. C. quando tutor desinit esse.*

pères sur les biens des fils de famille, changèrent en beaucoup
de points la législation antérieure. Du temps de César, qui per-
mit aux fils de famille soldats de faire un testament, le pécule
castrense fut introduit[1]. Ce pécule embrassoit, chez les Romains,
omnia quæ filius familias occasione militiæ sagatæ adquisivit.[2]
Il restoit au fils sans détraction; il avoit le droit d'en jouir et d'en
disposer comme bon lui sembloit, sans que le père pût s'y
opposer. Cette disposition, en encourageant les jeunes gens au
service militaire, offroit en même temps au Souverain un autre
avantage bien marquant ; il sappoit les fondemens de la puissance
paternelle, en détruisant le principe de l'unité de la personne du
fils et de celle du père, en vertu duquel il ne pouvoit point y avoir
entre eux d'action civile. En devenant propriétaire, le fils acquéroit ainsi la faculté d'intenter en justice des actions relatives à ses
biens, et l'autorité du juge décidoit des différens qui s'élevoient
à ce sujet entre le fils et le père. Celui-ci ne pouvoit plus em-
ployer son enfant exclusivement à son propre travail; car, devenu
lui-même propriétaire, le fils avoit le droit de vaquer à la conservation de ses biens. Cette séparation de patrimoines le détachoit
donc en quelque sorte de la maison paternelle, et plus il acquéroit
de richesses, plus il devenoit indépendant de l'autorité paternelle.
Cependant on ne connut encore dans ces temps que le pécule *castrense.* Tout ce que l'enfant acquéroit d'une autre manière, devenoit
la propriété du père, qui pouvoit en disposer, et étoit le maître
de l'ôter ou le laisser au fils, soit que ce fût le fruit de salaires

---

1 Le pécule des fils, en général, est défini par les auteurs : *complexus bonorum quæ filius familias a rationibus paternis separata habet,* L. 3, §. 3 *seq. ff. de
peculio.* Il est connu que le mot de pécule dérive du mot latin *pecus*: les peuples, dans les premiers temps, n'ayant point l'usage des signes monétaires, esti-
moient tout d'après leurs troupeaux. MENAGII *Amœnitat. jur. civ.* Francof. et
Lips. 1738, *c.* 39, *voce* Peculium.

2 L. 11 *ff. de act. castrense pecul.*

ou autres produits d'une charge civile, soit que le bien provînt des libéralités d'un tiers (quand même la réserve de la propriété auroit été stipulée en faveur du fils), ou du propre travail de ce dernier, ou même des présens du père. Une autre conséquence de l'introduction du pécule militaire consistoit dans la permission donnée à l'enfant, de faire un testament pour les biens qui lui appartenoient en toute propriété, et d'instituer à leur égard un héritier à son gré, sans être obligé d'en laisser la moindre partie à son père. Cependant un savant auteur allemand[1] prétend que la légitime étoit déjà introduite à Rome pendant cette période. Il faudroit dire, dans cette supposition, que le fils étoit tenu de laisser au père le quart de ce qui lui seroit revenu *ab intestat*, et que, dans le cas contraire, le père pouvoit le demander en justice, si toutefois il n'avoit point été exhérédé pour une des causes déterminées par la loi[2]. Cette demande étoit faite par l'action explétoire, par laquelle le demandeur n'entendoit pas faire annuler le testament, mais concluoit seulement au supplément de sa légitime.[3]

---

1 Hœffner, §. 472, note 4. Il attribue l'invention de la légitime aux décisions des jurisconsultes, et en fixe l'époque à l'année 713, sous le consulat de Domitius Calvinus et C. Asinius Pollio, qui est l'année où le tribun Falcidius fit passer la disposition connue depuis sous le nom de *quarte-falcidie. Cf.* Zepernick, *Dissert. de historia juris civilis de legitima portione parentum.*

2 Ces causes ont été mises en vers, pour les imprimer plus facilement à la mémoire ; les voici :

> *Si pater accusat capitalis criminis, aut si*
> *Se jungit mimis vitæque est insidiatus,*
> *Testari prohibet gnatum, matrique venenum*
> *Præparat, inclusum si carcere vel furiosum*
> *Negligat, et veram contemnat religionem.*

Cette dernière cause, comme il est facile de le voir, n'a été introduite que plus tard, après que la religion chrétienne fut devenue celle de l'empire.

3 L. 30 C. *de inofficioso testam.*

La substitution pupillaire reçut aussi une plus grande extension dans cette période. Si, dans les temps antérieurs, le père ne
pouvoit substituer pupillairement à son fils que jusqu'à l'âge de
la puberté, on admit, dans ceux dont nous parlons, un cas où il
le pouvoit jusqu'à tel âge qu'il lui plaisoit de fixer[1] : c'est lorsqu'il avoit fait un testament militaire. Il pouvoit encore, en vertu
de la même prérogative, substituer pupillairement même à ses enfans émancipés.[2]

Le droit d'exhéréder ses enfans se soutint encore long-temps
par l'application stricte du principe des douze Tables : *Pater-fami-
lias uti legassit, ita jus esto.* Peu à peu, cependant, les abus
auxquels cette loi donnoit lieu, engagèrent le préteur à permettre d'attaquer l'acte de dernière volonté qui renfermoit une
exclusion injuste de la succession paternelle. Enfin, l'introduction de la portion légitime, qui eut lieu dans les derniers temps
de la présente période, ou peut-être aussi au commencement de
la suivante, imposa aux testateurs l'obligation de laisser à l'héritier nécessaire le quart de sa portion *ab intestat*[3]. Plus tard, et aux
temps de Justinien, la légitime fut autrement réglée, comme nous
le verrons en son lieu.

Cependant, le père étoit dispensé de laisser une légitime à son
enfant pour les causes suivantes :

1.° Des insultes graves ;

2.° Des mauvais traitemens ;

3.° Des tentatives d'assassinat ;

4.° Une accusation calomnieuse ;

5.° L'affiliation à une société défendue ou malhonnête ;

6.° L'empêchement que le fils mettoit à ce que le père fît
un testament ;

---

[1] L. 15 *ff. de vulg. et pupill. subst.*; L. 8 *C. de impub. et al. subst.*
[2] L. 41, §. 4, *ff. de testam. milit.*
[3] Hœffner, §. 472, et Observation 2.ᵉ sur le §. 473.

7.° Le refus de porter des soins au père tombé en démence ;

8.° Le refus de le racheter de l'esclavage ;

9.° Le concubinage du fils avec sa belle-mère ;

10.° Le refus de se rendre caution pour le père détenu pour dettes ;

11.° La vie licencieuse de la fille, ou son mariage contre la volonté du père. [1]

CHAPITRE III.

Comment finissoit la puissance paternelle.

Ici nous rencontrons peu de changemens, à cause de l'étroite liaison de cette partie de la législation avec les institutions politiques de la république, dont l'esprit survécut à leur durée. Cependant le nombre des modes d'extinction de la puissance paternelle s'accrut par la *déportation*. On appeloit ainsi la translation et la détention, par forme de peine, dans une île, ainsi qu'il appert entre autres d'un passage de DION [2]. Cette punition devint fréquente par la suite, et ce fut surtout sous les empereurs Titus [3]

---

1 Novelle 115, ch. 3.

2 L. 55. Livie conseilla à Auguste de faire déporter plusieurs personnes : *Quid enim mali fecerit is*, dit-elle, *qui in insula inclusus, aut in agro, vel in urbe aliqua, non modo sine copia servorum et pecuniarum, sed etiam sub custodia, si hoc res exigeret, haberetur?* L'on croit communément que c'est César qui a introduit cette nouvelle peine, et l'on se fonde sur le témoignage de SUÉTONE (*Vita Jul. Cæs. cap.* 66), qui dit qu'un jour César, pour intimider ses soldats, menaça ceux qui murmureroient encore, de les faire mettre dans un vieux vaisseau et de les abandonner au gré des vents. Je ne sais si cette opinion doit prévaloir sur celle d'HEINECCIUS, qui, s'appuyant sur la phrase de DION précitée, rapporte à Auguste l'introduction de cette peine. Voyez encore EVER. OTT. *Comment. ad Inst. l.* 1, *c.* 12, §. 2, et HEINECCIUS, *Antiq. rom. pars* 1, *p.* 217.

3 SUÉTON. *in Tito, c.* 8.

et Trajan [1] qu'on la vit fréquemment infligée aux délateurs qui, pendant les règnes de Tibère, Caligula et Néron, avoient été le fléau des gens de bien dont ils envioient les richesses. La déportation entraînoit de droit l'interdiction de l'eau et du feu, privoit le condamné de tous ses droits politiques et civils, et l'assimiloit à l'étranger, qui, comme l'on sait, ne pouvoit jouir des droits de la puissance paternelle. [2]

Dans le premier chapitre de la présente période nous avons traité de l'adoption; il ne nous reste donc plus rien à ajouter sur cette matière.

L'émancipation aussi garda ses anciennes formes. S'il est étonnant qu'un si grand peuple ait pu s'attacher à des formalités aussi bizarres, il faut l'attribuer au grand attachement des Romains à leurs anciennes mœurs, et à la facilité qu'une pratique peu rigoureuse avoit apportée à l'observation de ces formalités. Elles se conservèrent non-seulement pendant cette période, mais encore pendant toute la suivante, et ce ne fut que sous l'empereur Anastase qu'un nouveau mode d'émancipation fut introduit, sans que pour cela l'ancien fût aboli.

Les causes qui suspendoient momentanément la puissance paternelle, restèrent aussi les mêmes. On ne connoissoit point encore, comme cela eut lieu par la suite, de dignité qui eût le pouvoir de soustraire le fils à la responsabilité de ses actions envers le père, et à la punition qu'il pouvoit avoir méritée dans l'exercice de fonctions publiques.

---

1 PLINII *Paneg. c.* 34.
2 HERM. CANNEGIETER, *Observ. jur. rom. l.* 1, *c.* 8 *et* 9.

TROISIÈME PÉRIODE.

DEPUIS LA MORT DE CICÉRON JUSQUES ET Y COMPRIS LE RÈGNE D'ALEXANDRE SÉVÉRE.

« La puissance paternelle se perdit à Rome avec la liberté, » a dit le célèbre auteur de l'Esprit des lois [1], et il en donne pour cause que, « dans les monarchies où l'on n'a que faire de mœurs « trop pures, on veut que chacun vive sous la puissance des ma- « gistrats. » Ceci nous explique les changemens introduits par les empereurs pendant cette période, mais ne les justifie pas. Ils ne furent pas amenés par la considération que le bien de l'État exigeoit de tempérer les lois de la puissance paternelle, mais par la la dépravation morale, qui inspiroit le désir de se dégager des liens de cette puissance, et qui fut secondée par les empereurs jaloux de leur autorité et sacrifiant tout à leur sûreté personnelle.

Les sources du Droit romain se multiplièrent pendant cette période, quoiqu'il ne soit guères plus question de plébiscites ni de lois proprement dites (*leges centuriatæ*). En effet, comment auroit-il été possible, surtout dans les derniers temps, de réunir tous les citoyens ayant droit de voter? Les lois dégénérèrent donc peu à peu en sénatus-consultes revêtus d'une formalité de plus. [2] Cependant Ulpien parle encore de la *legislatio*, comme les anciens jurisconsultes [3]; ce qui peut faire présumer que l'on ne négligeoit jamais de convoquer une assemblée fictive du peuple,

---

1 Montesquieu, l. 5, ch. 7.

2 Tacit. *Annales*, l. 1, c. 15, où il est dit de Tibère : *translulit comitia ex campo in curiam.*

3 Ulp. *Fragm. t. I*, §. 3.

pour y faire passer les lois auxquelles on vouloit faire donner
une sanction authentique. Les sénatus-consultes devinrent ainsi
une source féconde de Droit écrit. Jamais ils n'eurent autant
d'autorité [1] que dans les temps dont nous parlons. C'est surtout
sous le règne des empereurs dignes d'occuper le trône qu'ils
furent respectés, comme émanant d'un corps qui, sous des princes
vertueux, exerçoit avec dignité le pouvoir législatif, mais qui,
sous les Tibère, les Domitien et autres, n'étoit que l'instrument
du despote. Cette manière de voir me paroît plus naturelle que celle
de plusieurs auteurs qui prétendent qu'en général, pendant cette
période, les sénatus-consultes n'étoient plus que des ordres
émanés du prince [2], et plus vraisemblable que celle d'autres auteurs
qui soutiennent, au contraire, que le sénat étoit encore aussi
indépendant que du temps de la république [3]. Le sénat et le
peuple romain n'avoient plus que l'ombre de leur puissance passée;
ils étoient ce que vouloient en faire les empereurs. Quand ceux-ci
étoient bons et pénétrés du sentiment de leurs devoirs, loin d'abuser
de leur puissance, ils tâchoient de relever l'autorité déchue du
sénat, en s'y soumettant les premiers et en respectant ses arrêts :
lorsqu'au contraire ils étoient des tyrans, qui ne voyoient dans
le peuple qu'un vil troupeau livré à leur caprice, l'autorité du
sénat tomboit; il n'étoit plus rien, et se courboit sous le sceptre
de fer de son oppresseur.

Ce fut dans ces temps aussi que les constitutions des princes
commencèrent à former une nouvelle branche de la législation

---

[1] Tacit. *Annales*, l. 1, cap. 3 et 4.

[2] Hœffner, §. 39.

[3] Reinold, *Observ. jur. civil. interpret. Cod. præmissæ, cap. 1*, dans ses *Opusculis juridicis*, p. 393 ; Hugo, *Gesch. des römisch. Rechts*, p. 330, et Heineccii
Hist. jur. civ. romani; Argent. 1765, p. 244.

civile. On peut les définir : *Principum placita, quæ, si hi volunt, legis habent vigorem*[1]. Nous ne ferons point ici l'énumération des différentes espèces de constitutions rapportées dans tous les livres élémentaires : nous nous bornerons à la remarque que les constitutions, au commencement, n'eurent pas cette force de loi qui leur fut attribuée dans les temps suivans, et seulement après quelques siècles. Les premiers empereurs se servoient rarement du droit qu'ils avoient d'en donner, et souvent même ils les firent sanctionner par un sénatus-consulte. [2]

Le Droit *non écrit* vit se tarir une de ses sources, après que les *édits des préteurs* eurent été rassemblés par ordre de l'empereur Adrien, l'an de Rome 884, ou 13o de l'ère chrétienne, par le jurisconsulte SALVIUS JULIANUS[3], et élevés ainsi au rang de Droit écrit. Jusqu'aux temps de ce prince, les préteurs jouirent encore du droit de publier des édits[4]; mais cet empereur, voyant l'accroissement annuel et les contradictions fréquentes de ces sortes de réglemens, et voulant rendre la marche de la justice plus sûre et plus constante, résolut de réunir en un seul corps les divers édits rendus jusqu'alors, et d'en faire une espèce de code de lois, en défendant probablement, pour l'avenir, aux préteurs de

---

1 HEINECCII *Elem. jur. civ.* §. 41 ; HŒPFNER, Commentaire à ce paragraphe, qui explique cette définition.

2 BACHII *Hist. jur. rom. l.* 3, c. 1, *sect.* 4.

3 EUTROP. *Breviar. hist. rom. l.* 7, c. 9; L. 2, §. 18 *C. de vetere jure enucleando;* et L. 10 *C. de condict. indebiti.*

4 HEINECCIUS prouve cette opinion jusqu'à l'évidence, en se fondant sur la loi 6, §. 1 *ff. de custodia et exhibit. reorum*; qui parle d'un édit d'Antonin le pieux, qu'il avoit publié avant son adoption par l'empereur Adrien, étant alors proconsul d'Asie (*Jul. Capitolin. in Anton. Pio, cap.* 3) : il dit qu'il est incontestable que, si le proconsul avoit alors le droit de publier des édits, à bien plus forte raison le préteur devoit aussi en jouir. *Hist. jur. rom.* note du §. 267.

publier de nouveaux édits. L'autorité de l'édit perpétuel étoit telle,
que souvent on lui donnoit les noms de *lex*[1], *jus perpetuum*[2],
perpetua jurisdictio[3], *indubitatum jus*[4], etc.

Les avis des jurisconsultes reçurent aussi, pendant cette période, un caractère d'authenticité qu'ils n'avoient pas eu jusqu'alors. Auguste, voyant que la diversité des rapports des hommes entre eux faisoit naître des procès qui n'étoient point prévus par la loi, et que ces rapports se multiplioient encore tous les jours, jugea utile de recommander aux jurisconsultes les plus instruits d'émettre leurs opinions sur les cas non prévus qui se présenteroient, et d'obliger les magistrats à s'y conformer. Cependant, pour éviter les abus qui auroient pu résulter de l'exercice de cette faculté, presque législative, s'il l'avoit laissée à tous ceux qui se décoroient du titre de jurisconsulte, il désigna ceux d'entre eux à qui il accorda exclusivement ce privilége[5]. Cette institution se maintint jusqu'au temps de Justinien, et probablement c'est d'elle que les consultations faites dans les siècles modernes près des universités allemandes, sur des questions litigieuses et non prévues par la loi, tirent leur origine. Les décisions de ces jurisconsultes (*responsa prudentum*) ne furent néanmoins envisagées que comme Droit non écrit[6]; et celles des jurisconsultes non privilégiées par Auguste restèrent sans autorité légale.[7]

---

1 L. 1, §. 2 *ff. unde cognati.*

2 L. 5 *C. de adpellat.*

3 L. 2 *C. de restitut. mil.*

4 L. 2 C. *Gregor. de pact. et transact.* Cf. HEINECCII *Histor. juris rom.* l. 1, §. 273.

5 L. 2, §. 47 *ff. de orig. jur.;* §. 8 *Inst. de jure nat. gent. et civ.;* HŒPFNER, *l.* 1, *t.* 2, §. 54, note. Cependant plusieurs auteurs sont d'un avis contraire: voy. HUGO, *Gesch. des röm. Rechts,* §. 236.

6 HŒPFNER, *l.* 1, *t.* II, §. 54.

7 GEBAUER, *Excurs. ad Inst. t. I, p.* 166 *seq.*

C'est dans cette période que tombe l'âge d'or de la jurisprudence romaine. La plupart des jurisconsultes célèbres, des ouvrages desquels les Pandectes ont été compilées, ont fleuri entre les règnes d'Auguste et d'Alexandre Sévère.

CHAPITRE PREMIER.
Comment s'acquéroit la puissance paternelle.

Les lois sur le mariage restèrent à peu près les mêmes, et le mariage légitime fut toujours la manière principale d'acquérir la puissance paternelle.

Par conséquent, nulle trace encore de légitimation ; les enfans naturels, même reconnus, n'étoient point dans la puissance de leur père[1]. Cependant il y eut une espèce d'exception à ce principe : c'étoit la preuve appelée *causæ probatio*, qui avoit lieu lorsqu'un citoyen, épousant de bonne foi une esclave ou une affranchie, avoit cru s'unir à une femme née libre. Alors le mariage, quoique nul et ne produisant aucun effet quant à la femme, donnoit cependant tous les droits de père au mari sur les enfans nés de cette union[2]. Mais il falloit, pour cela, pouvoir prouver la bonne foi de la part du mari : ce qui souvent devoit être extrêmement difficile, et empêcher, par conséquent, l'abus qu'on auroit pu faire de cette faveur de la loi. Ainsi, cette *causæ probatio* étoit une espèce de légitimation en sens contraire de celle par mariage subséquent : car, si dans cette dernière, introduite plus tard, le mari n'acquéroit la puissance paternelle sur ses enfans naturels qu'après avoir épousé la mère ; dans la première, il ne devenoit père, avec tous les effets civils attachés à cette qualité, qu'après la

---

[1] Hugo, §. 255, note 3.
[2] Hugo, lieu cité.

déclaration de la nullité de son mariage, et après la démonstration de sa bonne foi.

Plusieurs restrictions furent portées, pendant cette période, à la faculté de se marier. C'est ainsi que fut défendu le mariage avec une femme de mauvaise vie[1]; celui entre une femme âgée de plus de cinquante ans et un homme qui en comptoit moins;[2] celui du tuteur ou de son fils avec la pupille, avant la reddition des comptes de tutelle[3]; enfin, le mariage du président d'une province avec une femme du pays.[4]

Mais la limite des degrés de parenté qui empêchoient le mariage, fut considérablement reculée, et les empereurs s'arrogèrent même le pouvoir de donner des dispenses dans tous les cas désignés ci-dessus, excepté ceux de trop proche parenté. C'est là la source de nos dispenses de mariage d'aujourd'hui.

Jusqu'ici l'adrogation n'avoit eu lieu qu'au profit des orphelins pubères; ceux qui étoient encore en tutelle, ne pouvoient point être adrogés : mais, dans cette période, le législateur étendit ce mode d'acquérir la puissance paternelle jusqu'à permettre l'adrogation des impubères. Ce fut l'empereur Antonin le pieux[5] qui autorisa cette innovation, en même temps qu'il la subordonna à des conditions propres à en empêcher l'abus. Ces conditions furent les suivantes:

1.° La preuve administrée par le père adrogateur, devant le

---

1 L. 44 *ff. de ritu nupt.;* L. 43 *C. eod.; Cf.* HEINECCII *Commentarius ad leg. Jul. et Pap. Popp. l. 2, c. 1 et 2.*

2 HUGO, §. 255, N.° 2.

3 LL. 59, 60, 67, §. 3 *ff. de ritu nupt. Titulus Cod. de interd. matrim. inter pupillam et tutorem aut curatorem, filiosque eorum.*

4 LL. 57 et 63 *ff. de ritu nupt.*

5 ULP. *Fragm. t. VIII,* §. 5.

juge, un conseil de famille et le tuteur de l'impubère [1], que l'adrogation avoit un but honnête et profitoit à l'adrogé ; [2]

2.° Un cautionnement offert par le même [3], qui garantît suffisamment la restitution du bien de l'impubère, dans le cas où il viendroit à mourir avant l'âge de puberté. [4]

3.° Le même cautionnement devoit aussi garantir à l'adrogé, en cas d'émancipation arbitraire, non-seulement la restitution de tous ses biens, mais encore le quart des biens du père adrogateur. Cette assignation du quart, ayant été introduite par l'empereur Antonin le pieux, fut appelée dans la suite : *quarta Divi Pii.* [5]

4.° L'adrogé, arrivé à l'âge de puberté, pouvoit de plus obliger son père adrogateur de l'émanciper, s'il alléguoit des causes raisonnables. [6]

CHAPITRE II.

Des droits du père.

La puissance paternelle, dans les temps que notre période actuelle embrasse, fut considérablement restreinte, et de nouvelles garanties contre son abus furent accordées aux enfans. Cette assertion se fonde sur différentes lois, et surtout sur une ordonnance de l'empereur Alexandre Sévère, qui supprima le droit illimité de vie et de mort.

Ce point d'histoire, néanmoins, a été l'objet d'une grande con-

---

1 L. 5 *C. de auctoritate præstanda. Cf.* Bœumer, *Introd. in jus Digest. Halæ,* 1725; Tome I.ᵉʳ, p. 46. L. 2 *C. de adopt.*

2 L. 18, §. 1 *seq. ff. de adopt. et emancip.;* L. 2 *C. eod.;* §. 3 *Inst. eod.*

3 L. 17 §. *fin. ff. de adopt. et emancip.*

4 LL. 18, 19, 20, 22, §. 1 *ff. de adopt.*

5 L. 22, §. 1 *ff.;* L. 2 *C. de adopt. et emancip.;* L. 8, §. 15 *ff. de inoffic. testam. Cf.* Joh. Andr. Frommann, *Diss. de adrog. impub. et quarta Antoniniana; Tubingæ,* 1663.

6 LL. 32 *et* 33 *ff. de adopt. et emancip.;* Hœpfner, §. 145 *et* 160.

troverse parmi les auteurs. Il est, en effet, difficile de préciser une époque où ce droit ait entièrement cessé, et les jurisconsultes Noodt et Bynkershoek ont émis à ce sujet des opinions tout-à-fait contraires. Le premier, dans son Traité intitulé *Julius Paulus* [1], prétend que ce ne fut que sous les empereurs Valentinien, Valérien et Gratien, et il rattache l'abolition du droit de vie et de mort à la loi 8 *Cod. ad leg. Cornel. de sicariis*, qui porte : *Si quis necandi infantis piaculum aggressus aggressave sit, sciat se capitali supplicio esse puniendum.* [2]

Bynkershoek [3], au contraire, prétend que, déjà aux temps de Trajan, d'Adrien et d'Antonin le pieux, le droit de vie et de mort étoit aboli ; il se fonde principalement sur la loi 5 *ff. de lege Pompeja de parricidiis*, qui dit : *Divus Hadrianus fertur, cum in venatione filium suum quidam necaverat, qui novercam adulterabat, in insulam eum deportasse, quod latronis magis quam patris jure eum interfecit*, etc. [4]

Le célèbre Gebauer, après avoir balancé les opinions de ces jurisconsultes, paroît pencher vers celle de Noodt, en démontrant [5] que le droit de tuer et d'exposer des enfans au-dessous de l'âge de trois ans, n'a été aboli que sous l'empereur Valentinien, comme le prouve surtout la loi 2 *C. de infant. exposit.* ci-dessus citée ; mais que, par-contre, le droit de

---

1 Voy. ses Ouvrages, t. I.ᵉʳ, p. 565 et suiv.

2 L. 2 *C. de infant. expos.*

3 Dans son livre *de jure occidendi, vendendi et exponendi liberos apud Romanos*, qui se trouve dans l'édition de Halle de ses petits ouvrages, t. II, p. 105 et suiv.

4 Ces deux auteurs continuèrent leur dispute savante ; savoir, Noodt, dans son *Amica responsio ad difficultates Julio Paulo motas*, et Bynkershoek, dans ses *Curæ secundæ de jure occidendi et vendendi liberos*. Ces deux traités se trouvent dans l'édition de Halle susmentionnée, t. II, p. 305 et suiv.

5 Dans sa *Diss. secunda de pat. potest. c. 2. Cf.* G. W. ab Oosten de Bruyn, *Discursus de pat. pot. Harlem*, 1751.

prononcer en dernier ressort sur la vie d'un enfant déjà adulte, et surtout pour raison de délits publics, avoit déjà été ôté aux pères du temps de l'empereur Adrien. Ceci est rendu plus probable encore par la peine capitale infligée par l'empereur Valentinien au père meurtrier de son fils, puisqu'il n'y a pas lieu de penser qu'une peine si grave ait été portée contre lui, si jusqu'alors les pères avoient continué d'exercer le droit dont nous parlons sous l'égide et d'après la permission expresse de la loi.

L'opinion de Gebauer doit nous paroître d'autant plus fondée, que c'est un crime beaucoup plus grand de tuer un descendant qui a déjà l'usage de sa raison, que de tuer ou d'exposer un enfant à peine sorti du sein de sa mère, ou encore, au moins, en très-bas âge. Il étoit donc de toute justice et de toute prudence de commencer par défendre et punir le crime le plus grave, pour arriver successivement à la répression d'un délit moins grave, plutôt que de renverser tout d'un coup la légitimité jusqu'alors reconnue de l'action, ainsi que les lois existantes à ce sujet.

Il résulte de l'examen de cette controverse, que le droit illimité de tuer son enfant reçut, vers la fin de la présente période, la première et la plus grande secousse, de sorte que, s'il étoit encore permis d'exposer ou de faire mourir un enfant nouveau-né ou en bas âge, il fut au moins défendu de mettre à mort le fils déjà adulte et jouissant de toutes ses facultés intellectuelles.

A la place de la juridiction jusqu'alors illimitée du père, l'on mit le droit de traduire l'enfant délinquant devant le juge compétent et de lui faire infliger, par sentence de ce dernier, une punition indiquée par le père, si toutefois le magistrat jugeoit la peine proportionnée au délit.

Mais il ne faut point croire que le père pouvoit encore connoître des crimes contre la chose publique commis par son fils, puisqu'alors on auroit éludé la loi pénale et arrêté le cours de la justice : aussi la loi du Code Justinien, que l'on cite à l'appui de l'opinion contraire[1], n'entend point parler de ces sortes de crimes ; ce ne sont que les délits domestiques dont le père étoit encore en droit de provoquer la punition par l'intervention du magistrat.

Neanmoins le père conserva une sorte de juridiction modérée dans le droit qu'on lui laissa de punir correctionnellement un enfant délinquant[2]. Quelles étoient les bornes de ce droit ? C'est une question assez difficile à résoudre, aucune loi romaine ne s'expliquant clairement à ce sujet. Il faut croire que le père avoit encore le droit de faire fustiger et enfermer pour quelque temps son enfant désobéissant, sans cependant mettre ses jours en danger[3]. Quoi qu'il en soit, le droit de correction, qui chez les Romains étoit pris dans un sens plus étendu que chez nous, est toujours resté depuis un attribut de la puissance paternelle ; et tous les peuples civilisés ont senti la nécessité de le maintenir dans une certaine force, pour donner aux parens plus de latitude dans l'éducation de leurs enfans, et éviter que des querelles domestiques, souvent scandaleuses, ne fassent retentir à tous momens les tribunaux, et ne forcent le juge de punir avec trop de sévérité un fils de famille délinquant.

Le droit de vendre les enfans, suivant l'opinion de la plupart

---

1 L. 3 *C. de pat. pot.* L'empereur Alexandre Sévère y dit : *Si filius tuus in potestate tua est, res adquisitas tibi alienare non potest ; quem, si pietatem patri debitam non agnoscit, castigare jure patriæ potestatis non prohiberis, acriori remedio usurus, si in pari contumacia perseveraverit, eumque præsidi provinciæ oblaturus, dicturo sententiam, quam tu quoque volueris.*

2 L. 3 *C. de patr. potest.* précitée.

3 Leyser, *Meditat. ad Pandectas,* specim. 17, §. 3, soutient que le père avoit le droit de faire enfermer son fils dans une maison de force, sans avoir besoin de l'autorisation du juge. Il se fonde en cela sur la loi *un. C. de emendatione propinq.* Mais Hœpfner, l. 1.ᵉʳ, t. IX, §. 102, note 3, combat formellement cette opinion.

des auteurs[1], existoit encore légalement pendant cette période, quoique de fait on n'en fît plus usage. Cependant, à en juger par deux passages du Code et du Digeste[2], je suis porté à croire que, même de droit, le père ne pouvoit plus vendre son enfant; et voici mes raisons.

La loi 1. C. *de patribus qui filios suos distraxerunt*, rendue par Dioclétien et Maximien, porte : *Liberos a parentibus neque venditionis, neque donationis titulo, neque pignoris jure, aut aliquo quolibet modo, nec sub prætextu ignorantiæ accipientis, in alium transferri posse, manifestissimi juris est.* Or, si du temps de l'empereur Dioclétien la défense de vendre ses enfans étoit déjà *manifestissimi juris*, ce ne pouvoit être, sans doute, qu'en vertu d'une loi existante. L'empéreur Dioclétien fut élevé au trône l'an 284 de l'ère chrétienne, ainsi 62 ans après l'avénement d'Alexandre Sévère, qui régna treize ans[3]. L'on voit que l'intervalle de temps n'est pas assez considérable pour qu'une loi positive ait pu être abolie par un usage contraire, supposé que la cessation du droit de vendre les enfans n'eût été, jusqu'à Dioclétien, que le résultat d'une simple coutume.

Ce qui, du reste, leveroit toute difficulté à ce sujet, s'il pouvoit en subsister encore, c'est un passage du jurisconsulte JULIUS PAULUS, dans ses Sentences, où il est dit : *Creditor, qui sciens filium familias a parenti pignori accepit, relegatur*[4]. Je demande maintenant s'il est croyable, et même possible, que l'on eût puni aussi sévèrement le créancier qui auroit reçu en gage un fils de famille de la part du père, son débiteur, si des peines bien plus

---

1 HEINECCII *Elem. jur. civ.* §. 102; HŒFFNER, Commentaire à ce paragraphe. HUBER, *Digress. l.* 2, *c.* 5. ARNOLD, *Elem. jur. civ.* §. 86, *n.°* 2.

2 L. 1 C. *de pat. qui fil. suos distrax.*; L. 5, *ff. quæ res pign. vel hypoth. datæ obligari non possunt.*

3 RŒMER's *Handbuch der ältern Geschichte. Braunschweig,* 1802, *S.* 765 — 770.

4 L. 5 *ff. quæ res pign. vel hypoth.*

fortes n'eussent attendu le père dénaturé qui, pour se libérer d'une dette, auroit aliéné son enfant. Avant que de soutenir une telle assertion, ne faudroit-il pas renverser d'abord toutes les lois naturelles et positives ? Au surplus, le jurisconsulte PAUL, auteur du passage cité, inséré au Digeste, a vécu du temps d'Alexandre Sévère [1], et étoit contemporain d'ULPIEN, dont il est souvent l'antagoniste. [2]

Nous croyons donc que l'opinion généralement reçue, que le droit de vendre les enfans a été aboli seulement par la loi de Constantin le Grand, n'est rien moins que fondée, et que, si cet empereur a rendu une telle loi, ce qui ne sauroit guère être révoqué en doute [3], elle étoit plutôt destinée à renouveler une défense faite depuis long-temps, qu'à introduire une prohibition nouvelle. Peut-être avoit-elle aussi pour but de ménager aux pauvres des moyens d'existence au préjudice de leurs enfans nouveau-nés, et de modérer la rigueur apparente de la défense de vendre ou de donner en gage des enfans. L'exécution de cette loi, au surplus, étoit fort peu à craindre ; car auroit-on trouvé à vendre un enfant au moment même de sa naissance et, aux termes de la loi, encore tout couvert de sang (*sanguinolentum*) ? Tel paroît avoir été le but véritablement utile et louable du législateur, et, pour y arriver, il s'est servi d'un moyen qui se ressentoit de son siècle, de la foiblesse du

---

1 HUGO, p. 598.

2 L. 8, *ff. de pign. et hypoth.* : loi extraite des ouvrages d'ULPIEN.

3 C'est la L. 2 *C. de patr. qui fil. suos distrax.*, ainsi conçue : *Si quis, propter nimiam paupertatem egestatemve, victus causa, filium filiamve sanguinolentos vendiderit; venditione in hoc tantummodo casu valente, emtor obtinendi ejus servitii habeat facultatem. Liceat autem, ipsi qui vendidit, vel qui alienatus est, aut cuilibet alii, ad ingenuitatem eum propriam repetere, modo, si aut pretium offerat quod potest valere, aut mancipium pro ejusmodi præstet.*

gouvernement et, si j'ose m'exprimer ainsi, de l'esprit de décep-
tion qu'on apportoit alors jusque dans la confection des lois.

Le droit de livrer un enfant délinquant en réparation du dommage qu'il a causé, paroît aussi avoir été aboli pendant cette période, et cela en même temps que le droit de vendre, comme
l'observe Hoepfner[1]. Cependant M. Hugo est d'un avis contraire,
et croit que ce droit subsistoit encore à cette époque[2] : il se fonde,
à ce qu'il paroît, sur un passage des Institutes[3], dans lequel,
cependant, il n'est pas réellement question de l'abolition expresse
de la *noxæ datio*, mais seulement de son injustice et de son indé-
cence, surtout à l'égard des filles, et sans que rien fasse entendre
que ce droit ait existé jusqu'alors.

Les autres droits de la puissance paternelle, relativement à la
personne du fils de famille, restèrent les mêmes. Ils sont, en effet, trop naturels, et trop indispensables pour maintenir les rapports
de respect et d'obéissance du fils envers celui qui lui a donné la
vie, pour avoir dû éprouver des changemens.

L'introduction du pécule *castrense* remonte au temps de Jules-
César, comme nous l'avons vu dans la précédente période : mais,
comme c'est dans la présente que les autres espèces de pécules
ont successivement pris naissance, et que, par conséquent, il y a
lieu d'en parler ici avec plus d'étendue, nous nous arrêterons un
instant à cette matière, et examinerons les différentes distinctions
qui la caractérisent.

Le fils de famille pouvoit acquérir un pécule,

1.º Ou par la carrière des emplois publics (*per militiam*), ou
à son occasion. Les Romains entendoient par *militia* non-seulement le service de la guerre, mais encore les fonctions civiles,

---

1 §. 103.
2 §. 255.
3 §. 7 *Inst. de noxal. action.*

surtout l'exercice de l'état d'avocat [1]. Ils divisoient, par conséquent, le pécule militaire,

1) En pécule *castrense*, acquis à la guerre ou à son occasion [2] ;

2) En pécule *quasicastrense* [3], acquis au service civil ou à
son occasion.

2.° Ou dans d'autres circonstances spéciales [4], c'est-à-dire,

1) En le recevant de son père, ou, à sa considération, d'un
tiers : pécule *profectice* (*pec. profectitium*) [5] ;

2) Ou de toute autre manière : pécule *adventice* (*pec. adven-
titium*). [6]

Et, comme il pouvoit arriver que le père eût l'usufruit du pécule de son fils, ou de droit, ou par stipulation expresse; ou
bien qu'il n'en eût pas l'usufruit :

(1) Le pécule, dans le premier cas, étoit appelé pécule *ordinaire, régulier, imparfait (peculium ordinarium, regulare,
imperfectum*);

(2) Dans le second cas, il s'appeloit pécule *extraordinaire, irré-
gulier, parfait (pec. extraordinarium, irregulare, perfectum,
seu plenum*). [7]

---

1 L. 14 *C. de advocatis diversorum judiciorum*; Cicero, *pro Murena*, c. 9.;
Valer. Maxim. *l.* 8, c. 5 ; Ferrandus Adduensis, *l.* 2, *explicat.* c. 6; Jacob.
Gothofr. *ad leg.* 3 *C. Theod. de postul.* On entendoit par *militia sagata* le ser-
vice militaire, et par *militia togata*, les emplois civils.

2 Eichmann, *Pandekten*, *V.* 3, p. 128, observe que ce ne sont que les véri-
tables soldats qui peuvent acquérir le pécule *castrense*, et non les employés
de l'armée.

3 L. 6 *ff. de re judicata*; L. 7 *C. de bon. quæ liber.*

4 L. *ult. C. de inoffic. testam.*

5 §. 1 *Inst. per quas pers. nob. adquirit.*

6 Leyser, *Meditat. ad Pandectas*, Specimen 17, *medit.* 2, et Hœpfner, §. 430,
note 1.ʳᵉ

7 Voyez, sur la division des pécules, le *Collegium juridicum Argentoratense
enucleatum*, par Biccius. Strasb. 1664, in-4.°, *l.* 15, de *peculio*, *lit.* 1, *thesis* 3.

Il seroit très-difficile d'indiquer l'origine précise des différentes espèces de pécules. Le pécule *quasicastrense* se trouve cité en plusieurs endroits par le jurisconsulte ULPIEN [1]; cependant la première loi formelle à ce sujet ne date que de l'empereur Constantin [2], qui, en mentionnant plusieurs priviléges qu'il accorde à ses courtisans, dit expressément que tout ce qu'ils acquerront, ou de leur chef, ou par la munificence du Souverain, leur restera en toute propriété. Il est constant aussi, d'après un passage d'ULPIEN, que le pécule profectice existoit déjà de son temps; car il en donne la définition et en analyse les droits [3]. La plupart des auteurs rapportent l'invention du pécule adventice au règne de l'empereur Constantin. Cependant on peut prouver que, déjà du temps des empereurs Adrien et Antonin le pieux, l'on en trouve des vestiges. [4]

Les droits du fils de famille sur ces différens pécules étoient très-variés. Possesseur et propriétaire absolu du pécule militaire, tant *castrense* que *quasicastrense* [5], il pouvoit le vendre, le donner [6], exercer à son sujet toutes les actions personnelles, réelles et mixtes, même contre son père; en un mot, il étoit regardé, relativement à ce pécule, comme père de famille, alors même

---

1 HŒPFNER, §. 426, note 1.re

2 L. 15 Cod. Theod. de privil. eor. qui in sacr. palat. milit., et L. unica Cod. Just. de castrensi omnium palatinorum, peculio; il y est dit : *Omnes palatinos, quos edicti nostri jam dudum certo privilegio superfundunt, rem si quam dum in palatio nostro morantur, vel parsimonia propria quæsierint, vel donis nostris fuerint consecuti, ut castrense peculium habere præcipimus.*

3 L. 5, §. 3, de peculio; M. TERENTIUS VARRO, de re rustica, c. 17.

4 L'histoire des différens pécules est rapportée par PUFFENDORF, t. 1.er, obs. 98, et t. IV, obs. 155; RAU, *Historia juris civilis, de peculiis,* Lipsiæ, 1770. JAC. GOTHOFR. ad Cod. Theodos. l. 2, t. 10; l. 5, p. 163, édit. de Ritter.

5 *Procem. Inst. quib. non est permiss. fac. testam.;* L. 2 C. de bon. quæ lib.

6 L. 3 C. de cast. pecul.

que les fonctions dans l'exercice desquelles il l'avoit acquis, avoient cessé.[1]

Il en étoit autrement du pécule profectice, qui appartenoit entièrement au père. Il en avoit la possession mentale et l'usufruit, et il ne restoit à l'enfant d'autre droit que la possession corporelle et l'administration[2]. Cependant, en cas de confiscation des biens du père, le fils avoit le droit de retirer son pécule profectice[3]. En cas d'émancipation par le père, et faute par lui de redemander expressément le pécule, il étoit censé l'avoir tacitement donné au fils; mais par-contre, à l'ouverture de la succession du père, tout enfant étoit obligé au rapport de son pécule profectice.[4]

Le pécule adventice appartenoit en entier au fils; mais son père avoit l'usufruit légal du pécule adventice ordinaire, sans être assujetti pour cela à la caution[5] imposée à l'usufruitier ordinaire (*cautio usufructuaria*). Il avoit même le droit d'aliéner une portion de ce pécule, s'il pouvoit prouver que cette aliénation étoit avantageuse à son enfant. Hors ce cas, elle étoit nulle, et le fils étoit en droit de revendiquer la portion aliénée, si toutefois il n'avoit pas été l'héritier de son père[6]. Plusieurs auteurs[7] sont d'un avis con-

---

[1] L. 17, §. 1, L. 19, §. 2, *ff. de castr. pecul.*

[2] Cette possession est la même que celle du détenteur de mauvaise foi, du fermier, du fondé de pouvoir, du domestique, etc. Hœpfner, l. 2, t. 1.er, §. 282.

[3] L. 3, §. 4, *in fin. ff. de minor.* Ulpien y dit : *Si patris bona a fisco propter debitum occupata sunt, peculium ex constitutione Claudii separatur.* Cf. Vinnius *ad proœm. Inst. quib. non est permiss. n.° 5.*

[4] Bach, *Hist. jurispr. Rom. l.* 2, *c.* 2, §. 12.

[5] Car. Adolph. Braun, *Dissert. de ususfruct. parentum in bonis liberorum genuino fundamento; Jenœ,* 1743; et Puffend. *t.* I.er, obs. 98; §. 18.

[6] L. 14 C. *de rei vindicat.;* L. 3 C. *de rebus alien. non alienand.;* L. 14 C. *de evict.*

[7] Faber *ad Cod.* L. 5, t. 34, *def.* 2; Hert. *Respons.* 522, n.os 12 et 14; Frommann, *Diss. de administ. advent. leg.* §. 81.

traire ; mais ils ont été réfutés avec succès[1]. Quant au pécule adventice extraordinaire, il étoit en tout assimilé au pécule militaire. Les modes d'acquérir ce pécule étoient les suivans :

1.° L'acquisition faite par le fils d'une chose contre la volonté du père[2] ; par exemple, l'acceptation d'une succession, d'une donation, etc. ;

2.° L'acquisition d'une donation, à condition que le père n'en auroit pas l'usufruit ;

3.° La privation de l'usufruit légal de la part du père, en punition d'un délit quelconque, notamment s'il avoit dissipé les biens du fils.[3]

Les droits de substituer pupillairement à ses enfans et de les exhéréder, se maintinrent, pendant cette période, sur le même pied que dans les précédentes.

CHAPITRE III.

Comment finissoit la puissance paternelle.

Ni les dignités acquises, ni la rélégation[4], ni même l'exhérédation, ne figurent encore, comme cela eut lieu plus tard, au nombre des modes d'extinction de l'autorité paternelle.

---

1 Henr. Ernest. Flœrke, *Diss. de parent. jur. in pecul. adventit. c.* 4, §. 11; Stryk, *Diss. de facto defuncti ab herede non præstando, c.* 2, n.° 31; Bœhmer, *t. II, part.* 1, *respons.* 431, n.°⁵ 3, 4 et 5; *t. III, part.* 2, *decis.* 39, n.° 9 *seq.*

2 Hœpfner, §. 434, note 2, est en contradiction avec Lauterbach, *Diss. de usufruct. paterno, t. I, diss.* 30, §. 40.

3 *L.* 50 *ff. ad S. C. Trebell.*

4 Il ne faut pas confondre la rélégation avec la déportation ; car le rélégué conservoit toujours ses droits de citoyen, et s'il exigeoit que son fils le suivît, celui-ci étoit obligé d'obéir. *Cf.* Puttmann, *Probabilit. l.* 1, *c.* 5, sur le sens du §. 2 *Inst. quib. mod. pat. pot. solv.*, qui porte : *Relegati autem patres in insulam in potestate sua liberos retinent.*

Nous avons vu que la peine de la déportation, qui faisoît cesser cette autorité, avoit été introduite du temps d'Auguste. Il n'existoit alors aucune loi qui permît la réhabilitation d'un condamné à cette peine. L'empereur Antonin fut le premier qui l'admit [1], en rendant à ses droits Julianus Licinianus, qui avoit été déporté dans une île par ordre d'Opilius Ulpianus, alors légat. L'empereur lui dit : *Restituo te in integrum provinciæ tuæ ; ut autem scias quid sit in integrum restituere, honoribus et ordini tuo et omnibus cæteris te restituo.* Il est évident que, lorsqu'un père de famille étoit ainsi restitué dans tous ses droits et distinctions, par le fait même il reprenoit aussi sa place dans sa famille et recouvroit toute son autorité sur ses enfans. Ainsi, à partir du temps de l'empereur Antonin, la déportation ne devoit plus être considérée comme un mode de finir entièrement la puissance paternelle, mais seulement comme une cause qui la suspendoit indéfiniment.

Avant ce temps, l'émancipation étoit envisagée comme un acte libre du père de famille. Dans cette période nous rencontrons les cas suivans où il pouvoit être forcé par le magistrat d'émanciper son fils :

1.° Les mauvais traitemens du père, cas prévu par l'empereur Trajan [2] ;

2.° L'acceptation d'une donation ou d'un legs conféré à charge d'émanciper l'enfant [3] ;

3.° L'adrogation d'un impubère qui, parvenu à l'âge de la pu-

---

1 *L.* 1 *C. de sententiam passis et restitutis.*

2 *L. fin. ff. si a parente quis manumissus sit.* Le jurisconsulte PAPINIEN y dit : *Divus Trajanus filium, quem pater male contra pietatem adficiebat, coegit emancipari, etc.*

3 *L.* 92 *ff. de condit. et demonstrat.*, où ULPIEN discute la question de savoir si une telle condition est admissible, et soutient l'affirmative contre l'opinion de PAPINIEN ; *L.* 1, §. 3 *ff. si quis a parente manumissus sit.*

berté, demandoit l'émancipation en alléguant des causes plausibles. Nous avons traité de ce cas dans le premier chapitre de
cette période. [1]

QUATRIÈME PÉRIODE.

DEPUIS LE RÈGNE D'ALEXANDRE SÉVÈRE JUSQU'A L'EMPEREUR JUSTINIEN.

Ce fut dans cette période, enfin, que le Droit romain reçut une
forme stable et méthodique. Le Corps de droit qui fut rédigé par
ordre de l'empereur Justinien, réunit par ordre de matières les
lois, les constitutions, les avis des jurisconsultes qui méritoient
d'être recueillis.

Par cette compilation la distinction romaine du Droit, en
Droit écrit et en Droit non écrit, s'évanouit presque entièrement.
Dès ce moment il n'est plus question ni de lois centuriales, ni
de plébiscites, ni de sénatus-consultes, ni d'édits des magistrats,
ni de réponses des jurisconsultes, considérés sous le rapport de
la force obligatoire qui leur avoit été attribuée par ordre d'Auguste.
Il n'y avoit plus que les constitutions des princes qui pussent
constituer une loi généralement obligatoire, et les arrêts des
tribunaux et la coutume, seuls, introduisoient un droit coutumier.
A quoi bon, en effet, conserver des distinctions qui n'étoient
plus d'aucun usage? la déclaration de volonté du prince suffisoit
pour fixer la jurisprudence des tribunaux, et toutes les autorités
étoient obligées de fléchir quand ses ordres leur étoient insinuées.

C'étoit l'effet inévitable des changemens qui s'étoient opérés
dans l'ordre politique, et certainement ce nouvel ordre de choses
n'étoit pas toujours sans de très-grands inconvéniens; mais, la
jurisprudence étant une fois fixée, il étoit bon d'ôter le pouvoir

---

1 L. 32 *ff. de adopt. et emancip. Cf.* SCHULTING, *Diss. de emancipationibus,*
dans la *Jurisprudentia antiqua* de FELLENBERG, *t. II,* p. 512 *seq.*

de le changer aux autorités subalternes qui jusque-là en avoient eu le droit.

CHAPITRE I.er

Comment s'acquéroit la puissance paternelle.

Dès que les rangs des citoyens entre eux se trouvèrent confondus, et que des hommes sortis des dernières classes du peuple purent se frayer un chemin au trône, les prohibitions du mariage pour cause de disparité d'état ne pouvoient plus subsister sans condamner souvent le choix du prince lui-même. Elles furent donc, pour la plupart, abolies par l'empereur Justinien, et notamment celle du mariage entre un sénateur et une affranchie.[1]

L'introduction de la religion chrétienne étendit les prohibitions pour cause de parenté. La computation canonique des degrés, cependant, ne fut introduite que long-temps après[2]. M. Hugo remarque[3] que l'adoption, pendant cette période, ne se pratiquoit presque plus. La cause en est facile à deviner. Les Romains n'avoient plus cet intérêt à propager et à maintenir leurs familles : la gloire des aïeux ne rejaillissoit plus sur les descendans; les anciennes familles, d'ailleurs, s'étoient presque toutes éteintes. Le christianisme, d'un autre côté, avoit fait disparoître le culte des dieux pénates ou domestiques, et la disposition déjà citée des douze Tables, sur la perpétuité des *sacres* privés, ne pouvoit plus recevoir son application. Enfin, il se peut aussi que les longues calamités de ces temps détournèrent les particuliers de l'idée d'augmenter leur famille, en y admettant des étrangers qui leur auroient imposé le soin onéreux de les nourrir et de les élever.

Le sort des enfans naturels, traités avec tant de défaveur par les lois romaines, fut amélioré, pendant cette période, par les empe-

---

1 L. 23, *l. ult. Cod. de nupt. Novell.* 77, *c.* 3.
2 *Cap.* 8 X. *de consang. et affin.*
3 *Gesch. des röm. Rechts, p.* 510.

reurs, qui, en introduisant la légitimation[1], ménagèrent aux parens le moyen de réparer leurs torts à l'égard de ces êtres exclus jusqu'alors de tous les avantages de l'état de famille.

Pour procéder avec plus d'ordre, avant de parler de la légitimation comme nouveau mode d'acquérir la puissance paternelle, nous expliquerons d'abord la signification du mot *enfant naturel*, et les différentes distinctions que nous rencontrons à ce sujet dans le Droit romain. *L'enfant naturel* est un enfant né de personnes non unies par le mariage. On appelle *enfans naturels proprement dits* (*liber. nat. stricte sic dict.*), ceux nés de personnes absolument libres et qui pouvoient contracter mariage ensemble : *Nati scilicet ex soluto et soluta qui poterant inter se matrimonium contrahere, et simpliciter vocantur in jure filii naturales.* Les enfans issus d'unions réprouvées par les lois sont appelés adultérins (*liberi adulterini*), lorsque leurs parens, ou l'un d'eux, sont engagés avec d'autres personnes dans le lien du mariage; *incestueux* (*lib. incestuosi*), lorsqu'ils sont le fruit d'un inceste, c'est-à-dire, lorsqu'ils naissent de personnes qui ne peuvent contracter mariage pour cause de parenté ou d'alliance. On met ordinairement au même rang les enfans des personnes consacrées à Dieu par le vœu de chasteté, que l'on nomme aussi *liberi nati ex coitu damnato.*

Enfin, il y a des enfans dont le père est absolument incertain, qui sont appelés *spurii, quasi sine patre nati;* ils sont aussi appelés *vulgo quæsiti*[2], *quasi ex vaga venere nati.*[3]

---

1 La légitimation est définie par Lauterbach, dans son *Collegium Pandectarum*, l. 1, t. 6, §. 16 : *actus quo liberi naturales consentientes fiunt legitimi.*

2 Ce terme a cependant plusieurs significations; quelquefois il comprend tous les enfans nés hors le mariage, quelquefois ceux seulement qui proviennent d'un commerce défendu et qui ne sont pas enfans naturels en sens étroit. *Cf.* Bœhmer, *Dissert. de necess. parent. consensu in nupt. liberorum*, c. 1, §. 3, et Hœpfner, §. 137.

3 *L.* 13, §. 2, *L.* 22 *C. ad leg. Jul. de adult.; L.* 43, §§. 4 et 5, *L.* 24 *ff. de*

La défaveur du Droit romain tombe bien moins sur les enfans naturels proprement dits que sur les autres, le concubinage qui donnoit naissance à ces sortes de bâtards, n'étant pas seulement toléré à Rome, mais en quelque sorte autorisé par les lois[1]. C'est ainsi .que les seuls enfans naturels dont nous parlons, étoient susceptibles d'être légitimés, et que les autres étoient formellement exclus de cet avantage. La raison en étoit, que la légitimation étoit considérée comme un avantage fait au père, qui, par ce moyen, acquéroit la puissance paternelle, si importante dans l'ordre civil et politique des Romains; et comme la loi n'accorde point son bénéfice à ceux qui agissent contre ses préceptes, les parens dont l'union étoit réprouvée ne pouvoient participer au privilége de la légitimation, et ses bienfaits, par conséquent, ne devoient pas s'étendre sur d'autres enfans naturels que ceux nés dans un concubinage permis.

Trois sortes de légitimations furent successivement introduites pendant cette période : l'une, comme l'observe un auteur judicieux[2], pour les gens scrupuleux, *la légitimation par subséquent mariage* ; l'autre, pour les grands, *la légitimation par la destination au décurionat* ; la troisième, enfin, pour les favoris du prince, *la légitimation par rescrit du souverain.*

La légitimation par subséquent mariage, la plus honorable de toutes, date d'une constitution de l'empereur Constantin, qui ne se trouve plus textuellement au Code[3], mais qui y est alléguée par une ordonnance qui la renouvelle. Les enfans étoient légitimés par l'acte même du mariage de leurs parens. On a beaucoup disserté sur la question de savoir si, pour que la légitima-

---

his qui not. infam.; L. 4, §. 3 ff. de condict. ob temp. caus. EVER. OTT. Comm. ad Inst. l. 1, c. 10, §. 13.

[1] L. 3 C. de natur. lib.; L. 5 in fine ff. ad S. C. Orphit.
[2] HUGO, Geschichte des römischen Rechts.
[3] L. 5 C. de nat. lib.

tion fût valide, il falloit un contrat de mariage par écrit. Hoepfner[1], en comparant les différentes opinions, estime que, depuis
l'empereur Anastase, le contrat de mariage étoit essentiel pour
opérer la légitimation d'un enfant naturel, le concubinage ayant
alors tant de ressemblance avec le mariage, que souvent l'un
étoit pris pour l'autre, et que, par conséquent, pour constater le
passage de l'un à l'autre, il falloit un signe évident, qui, d'après la
nature de la chose, ne pouvoit être qu'un contrat de mariage.[2]

Les enfans ainsi légitimés jouissoient de tous les droits des enfans nés pendant le mariage. Ils succédoient à leurs père et mère
et à leurs autres ascendans et parens indistinctement; ils avoient
même le droit d'aînesse sur leurs frères et sœurs survenus depuis
le mariage.

La légitimation par oblation à la curie, *per oblationem curiæ*,
c'est-à-dire, par la destination au décurionat[3], fut introduite par
l'empereur Théodose le jeune.[4]

Le décurionat étoit une charge honorable, mais très-onéreuse.
Il y avoit dans l'empire romain des villes qui jouissoient d'une
partie des droits de la bourgeoisie romaine. Ces villes, connues
sous le nom de municipes, *municipia*[5], étoient régies par des

---

1 §. 139.

2 Voyez, à ce sujet, Jordens, *Diss. 2 de legitim. c.* 3; Schulting, *Enarrat.
Pandect. tit. de his qui sui vel alieni juris;* Noodt, *Commentar. ad Pand.*, même
titre; Cocceii, *Jus contr.*, même titre, quest. 16; *Cf.* Lauterbach, *l.* 1, *t.* 6, §. 20.
Par la suite, pour rendre encore plus claire l'intention qu'avoient les futurs
époux de légitimer leurs enfans naturels, ces enfans étoient obligés, pendant que
le prêtre donnoit la bénédiction nuptiale à leurs parens, de se tenir près de leur
mère et de la tenir par l'un des pans de son habit; de là on les appela *Mantelkinder.*

3 Cette espèce de légitimation est définie par Lauterbach, *l.* 1.ᵉʳ, *tit.* 6, §. 29:
*Actus legitimus, quo filii naturales, oneroso decurionum ordini oblati, et filiæ decu-
rionibus elocatæ, fiebant legitimi.*

4 *L.* 3 *C. de natur. lib.*

5 Dans les temps postérieurs, lorsque tous les sujets romains eurent reçu le

corporations, appelées *curies* (*curiæ*), chargées de l'administration
de la justice, de la police, des finances ; en un mot, investies à
peu près du même pouvoir que le sénat à Rome. Les membres
de ces curies, appelés *décurions*, avoient, par conséquent, l'in-
tendance du trésor de la ville, la surveillance des jeux publics,
l'inspection des aquéducs, bains et chaussées ; ils étoient chargés
de la perception des contributions publiques, et tenus de suppléer
de leurs propres deniers ce qui n'en rentroit pas ; ils ne pouvoient
refuser l'emploi d'ambassadeurs ; l'état militaire leur étoit interdit,
et ils étoient obligés de résider toujours dans leur ville[1] ; enfin,
quand ils venoient à mourir, la ville héritoit d'une partie de leurs
biens. Comme il n'étoit pas facile de trouver des candidats pour
un emploi aussi onéreux[2], les empereurs cherchèrent, par l'appât
de plusieurs priviléges accordés aux décurions, à engager les citoyens à le rechercher. Parmi ces priviléges se trouve aussi la légitimation. L'empereur Théodose statua que, si les parens d'un enfant
naturel le destinoient à l'état de décurion, de son consentement,
il ne seroit plus regardé comme illégitime, mais seroit légitimé par
ce fait même[3]. Il alla plus loin encore ; il ordonna que, si une
fille naturelle étoit donnée en mariage à un décurion, elle seroit
légitimée de même : *Quid enim interest*, dit-il, *utrum per filios
an per generos commoditatibus civitatum consuletur.*[4]

---

droit de bourgeoisie, toutes les villes, excepté Rome, reçurent le nom de
municipia; L. 1, §. 1 *ff. ad leg. municip.*

1 HEINECCII *Antiq. rom. l.* 1, *tit.* X, §. 24 ; *L.* 17 *C. de decurion.*; et *L. unica
C. si curial. relict. civ.*

2 PLINII *Epist. l.* 10 ; la lettre 114 nous apprend que, dès le temps de l'empereur Trajan, la charge de décurion étoit tellement onéreuse que souvent
on forçoit les chrétiens de l'accepter, pour les punir de l'opiniâtreté avec
laquelle ils persistoient à professer leur religion. BARNAB. BRISSON , *Antiq.
l.* 4, *c.* 18.

3 *LL.* 3 *et* 4 *C. de nat. lib.*

4 *L.* 3 , *in fine, C. de nat. lib.*

Il est à observer que, quoique ces deux espèces de légitimation eussent été introduites, la première du temps de Constantin le Grand, et la seconde de celui de Théodose le jeune, elles ne furent regardées jusqu'à Justinien que comme des lois temporaires ; ce dernier seulement les érigea en lois fondamentales et perpétuelles [1]. Jusque-là, elles ne s'appliquoient qu'aux personnes vivant pour le moment en concubinage, et n'accordoient aucun privilége à celles qui, par la suite seulement, donneroient le jour à des enfans naturels. [2]

Les enfans légitimés de cette manière ne succédoient qu'au père, et non aux autres ascendans ou parens : ce dernier privilége fut exclusivement et spécialement accordé aux enfans naturels légitimés par subséquent mariage, et à ceux légitimés par rescrit du prince. [3]

Enfin, Justinien introduisit un troisième mode de légitimation, celui *par rescrit du prince* [4] (*per rescriptum principis*), rendu ou sur la supplique du père naturel, ou par forme de confirmation de son testament déclaratif de son intention de légitimer l'enfant. Dans le premier cas, cette espèce de légitimation pouvoit être définie : *actus legitimus, quo princeps imploratus publico rescripto liberos naturales facit legitimos* [5]. Pour qu'elle pût avoir lieu, plusieurs conditions étoient requises : il falloit, en premier lieu, que le père naturel n'eût pas d'autres enfans légitimes, la légitimation pouvant leur porter préjudice [6]; ensuite il falloit qu'il fût dans l'impossibilité d'épouser la concubine ; enfin, la demande

---

1 Par la loi 10 et 11 *Cod. de nat. lib.*

2 J. H. Bœhmer *Diss. de legitimat. ex damnato coitu natorum*, et le même, §§. 7, 8 et 9, *in exercit. ad Pandectas, pars* 1.

3 Novelle 89, ch. 4; Lauterbach, *Coll. Pandect. L.* 1, *t.* 6, *c.* 29.

4 Novelle 74 ; Novelle 89, ch. 9.

5 Lauterbach, l. 1.ᵉʳ, t. 6, §. 30.

6 Hœpfner, l. 1.ᵉʳ, t. 10, §. 141.

en légitimation devoit être directement adressée au Souverain, *ut sacrum principis oraculum impetret*[1], et il falloit, de plus, que les enfans qui devoient être légitimés, y consentissent[2], quoique, comme l'observe LAUTERBACH, ce refus eût été peu à craindre de leur part.[3]

La légitimation par testament a été permise par la Novelle 74,[4] en faveur de ceux qui, à l'approche de la mort, ressentant les remords de leur conscience, vouloient encore, autant qu'il leur étoit possible, réparer l'outrage qu'ils avoient fait à la nature, aux mœurs et aux lois, et rétablir dans leurs droits leurs enfans illégitimes[5]. Cette espèce de légitimation exigeoit les mêmes conditions que la précédente.

Il y avoit encore un quatrième mode de légitimation ; celui qui se faisoit par l'adoption : néanmoins l'empereur Justin le défendit, et Justinien, son successeur, maintint cette prohibition[6], puisque, disoit-il, son prédécesseur avoit pris soin de la conservation des mœurs : *diligenter castitatem consideravit.*

CHAPITRE II.

Droits du père.

Les changemens arrivés pendant cette période dans les droits du père de famille sur la personne de ses enfans, se réduisent à

---

[1] Novelle 74, ch. 2, §. 1.er Authentique *Prœterea C. de nat. lib.*

[2] Novelle 89, ch. 11, §. 1.er

[3] LAUTERBACH, *Coll. Pand. l.* 1, *t.* 6, §. 30.

[4] Chap. 2 ; JUSTINIEN y dit : *Si vero solummodo naturalium filiorum pater hoc quidem propter quasdam fortuitas circumstantias non agat, moriens vero sub quodam prædictorum casuum scripserit testamento : velle sibi eos legitimos esse filios successuros; etiam hujus rei damus licentiam.*

[5] Novelle 89, ch. 10.

[6] Novelle 74, ch. 3.

péu de chose. La dernière période les avoit presque tous restreints à leur juste mesure, et il n'y avoit plus lieu de songer à les limiter davantage, sans s'exposer à tomber dans un autre extrême, infiniment plus à craindre, celui d'assurer l'impunité aux enfans désobéissans. Une seule prérogative du père, le droit de livrer l'enfant en réparation de son délit, fut abolie de droit, quoique depuis long-temps elle n'existât plus de fait [1]. Justinien, dans ses Institutes, en motive ainsi la défense [2] : *Nova autem hominum conversatio hujusmodi asperitatem recte respiciendam esse existimavit et ab usu communi hoc plenitus recessit. Quis enim patiatur filium suum et maxime filiam in noxam alii dare, ut pene per corpus pater magis quam filius periclitetur, quum in filiabus etiam pudiciliæ favor hoc bene excludit?* Ces principes sont beaux et vraiment dignes d'un législateur.

Nous avons dit, dans la dernière période, qu'il est probable qu'alors déjà ce droit étoit aboli. Ce point d'histoire, assez indifférent en lui-même, seroit difficile à fixer, et je crois que la supposition la plus vraisemblable est que ce droit, par une convention tacite de ne plus l'exercer, tomba en désuétude, et n'existoit déjà plus de fait, lorsque Justinien l'élimina définitivement du Droit romain par une abrogation expresse et solennelle.

Les lois sur les pécules, et en général sur les biens des fils de famille, restèrent dans le même état ; seulement les empereurs augmentèrent les droits du père par une nouvelle institution,

---

1 Ever. Ott. *Comment. ad Inst.* l. 4, c. 9, §. 7, prétend que la *noxæ datio* étoit encore en usage pendant la dernière période, et il cite à cet égard la loi 5, §. 5, *ff. de oblig. et act.*, où Caïus dit que, si un fils de famille avoit une habitation séparée de celle de son père, et s'il portoit un dommage quelconque à un tiers, ce tiers n'avoit pas d'action contre le père, mais étoit obligé de s'adresser directement au fils. L'on voit aisément qu'il n'est pas question ici d'une *noxæ datio*, mais bien de savoir contre qui il faudroit diriger une action en réparation et dommages-intérêts.

2 §. 7 *Inst. de nox. action.*

en introduisant, à l'instar de la substitution pupillaire, la substitution quasipupillaire. [1]

Autrefois la mère ne pouvoit point substituer pupillairement et nominativement à son enfant. Mais Justinien non-seulement lui accorda ce droit dans toute sa plénitude, il lui donna même, comme au père, celui de substituer à son enfant déjà pubère, dans le cas où il seroit tombé en démence [2] : c'est là ce qu'on appelle substitution *quasipupillaire*. [3]

Ici se présentent plusieurs questions. *La première* c'est de savoir, lorsque les deux parens ont substitué à un enfant en démence, laquelle des deux substitutions est valable. L'on pourroit dire ici que le père, ayant la puissance paternelle, doit avoir la préférence ; mais la plupart des jurisconsultes ont été d'avis que chaque parent peut substituer pour les biens provenant de lui [4], de sorte que le père, dans ce cas, étoit censé substituer pour *ses* biens, et la mère pour les *siens* [5]. Mais il résultoit de là que l'enfant décédoit avec deux testamens, ce qui étoit contraire à un des principes les plus positifs du Droit romain. La validité de la substitution pouvoit néanmoins être reconnue, par la raison que les deux testamens ne provenoient pas de l'enfant, mais de deux personnes distinctes, ses parens. [6]

Une autre question est celle de savoir s'il étoit permis de substituer quasipupillairement à un fils en démence encore impubère.

---

1 Ever. Ott. *Comment. ad Inst. l.* 2, *c.* 16, §. 1.

2 §. 1 *Inst. de pupill. subst.*

5 On l'appelle aussi *substitution exemplaire;* Lauterbach, *l.* 28, *t.* 6, §. 35. On la définit : *Substitutio quæ fit a parentibus liberis suis mente captis, heredibus institutis certo ordine, eum in casum si heredes erunt et in eo statu decesserint. L.* 9 C. *de impub. et aliis substitut.*

4 Vinnius, *ad Inst.* §. 1, n.° 2, *de vulg. et pupill. subst.*

5 *Quid ?* si l'enfant avoit acquis lui-même des biens avant de tomber en démence.

6 Lauterbach, *l.* 28, *t.* 6, §. 39.

Elle doit être résolue affirmativement, malgré un fragment du Digeste, qui dit que les impubères furieux sont en tutelle et non en curatelle[1]; car, si, comme plusieurs auteurs le prétendent, l'on ne pouvoit lui substituer que pupillairement, le testament s'écrouloit nécessairement, lorsque l'enfant, étant devenu pubère, restoit aliéné d'esprit ou furieux : il falloit donc prévoir ce cas, et étendre la substitution au-delà de cet âge, ce qui ne pouvoit se faire que par la substitution quasipupillaire. Au surplus, une loi des Institutes[2] s'exprime ainsi : *Qua ratione excitati etiam constitutionem posuimus in nostro Codice, qua prospectum est ut, si mente captos habeant filios, cujuscumque sexus vel gradus, liceat eis*, etsi puberes sint, *ad exemplum pupillaris substitutionis, certas personas substituere.* Or, si une loi dit : quand même ils seroient pubères, elle parle d'une exception à la règle ; il faut donc nécessairement que cette règle soit le cas de l'impuberté.

Il s'entend de soi-même que la substitution quasipupillaire ne pouvoit valoir qu'aussi long-temps que l'enfant restoit en démence et qu'il étoit incapable de faire lui-même un testament.[3]

Il falloit encore que le fils aliéné d'esprit eût été institué héritier[4]; en quoi la substitution quasipupillaire diffère encore de la pupillaire, qui s'appliquoit aussi aux enfans exhérédés. Une dernière condition, enfin, étoit celle, que du temps de sa mort l'enfant fût *sui juris.*

Mais, si un tel enfant, déjà *sui juris*, avoit momentanément recouvré l'usage de ses facultés intellectuelles après la mort de ses parens, et, après être retombé dans son ancien état, étoit décédé, la substitution valoit-elle ? Je crois que oui, pourvu qu'il

---

1 L. 3 *ff.* de *tutelis.*

2 §. 1 *Inst.* de *pupill. subst.*

3 §. 1 *Inst. quib. non perm. est testam. facere* ; L. 17 *ff.* qui *testament. facere poss.*; L. 9 *C. eod.*

4 L. 9 *C.* de *vulg. et pup. substit.*; *Nov.* 115, *c.* 3.

n'eût point fait de testament pendant son état de santé momentané. [1]

CHAPITRE III.

Comment finissoit la puissance paternelle.

Pour pouvoir plus aisément apercevoir d'un seul coup d'œil les changemens ou plutôt les additions faits pendant cette période aux modes d'extinction de la puissance paternelle, je rappellerai que cette puissance prenoit fin,

1.° Par la mort naturelle ou civile du père ou du fils ;
2.° Par l'émancipation.

Nous n'avons eu jusqu'ici qu'une seule espèce d'émancipation ; cette période en ajoute deux nouvelles, l'*Anastasienne* et la *Justinienne*.

Les formes et les formules antiques de l'ancienne émancipation, par le rit de la pièce de monnoie et de la balance, étant tombées depuis long-temps en désuétude [2], l'empereur Anastase, pour rendre l'émancipation plus facile, admit celle par rescrit du prince [3] insinué aux actes. Cette insinuation, à ce qu'il paroît, étoit de rigueur, et, selon toute apparence, c'étoit le juge qui prononçoit l'émancipation, sans pouvoir la rejeter ; à peu près comme chez nous l'adoption est prononcée par son organe. [4]

Mais l'empire étoit trop grand pour que cette espèce d'émancipation pût profiter aux habitans des provinces éloignées, et la chancellerie impériale auroit été surchargée de demandes en émancipation ; il entroit d'ailleurs dans le système depuis long-temps adopté par les empereurs romains, d'abaisser, autant que

---

1 Lauterbach, *l.* 28, *t.* 6, §. 46.
2 Heineccii *Antiq. rom. l.* 1, *t. XII*, §. 12.
3 L. 5 *C. de emancip. liber.*
4 Code civil, art. 356.

possible, les droits de la puissance paternelle, et de faciliter aux fils de famille les moyens d'en secouer le joug.

Par ces considérations, l'empereur Justinien ordonna qu'à l'avenir les tribunaux pourroient prononcer l'émancipation sans qu'il fût besoin ni de rescrit du prince, ni de la fiction de la triple vente[1]. Il alla même plus loin ; il abolit tout-à-fait cette dernière espèce d'émancipation, et voici ses motifs : *Cum inspeximus, dit-il, in emancipationibus vanam observationem custodiri, et venditiones in liberas personas figurales, et circumductiones inextricabiles, et injuriosa rhapismata, quorum nullus rationabilis invenitur exitus ; jubemus, ejusmodi circuitu in posterum quiescente, licentiam ei esse qui emancipare vult, etc.*[2]

Il auroit été, au surplus, très-absurde de vouloir laisser subsister une fiction de la loi fondée sur le droit de vendre ses enfans, qui n'existoit plus depuis long-temps.

Les conditions pour la validité de l'émancipation restèrent les mêmes.[3]

3.° La puissance paternelle finissoit aussi par l'adoption. Nous avons remarqué à ce sujet que les adoptions n'étoient plus aussi fréquentes qu'elles l'avoient été auparavant, et nous en avons indiqué les causes.

4.° Elle s'éteignoit, enfin, par les dignités acquises qui autrefois la suspendoient seulement ; car nous avons vu que le consulat, la dictature même, n'affranchissoient point de l'autorité paternelle[4], et que cet effet n'étoit attaché qu'à la condition de vestale et de *flamen dialis*. Après l'introduction du christianisme,

---

1 *L. 6 C. de emancip. liber.*

2 Ce morceau est peut-être l'un des exemples les plus frappans de la corruption qui s'étoit introduite dans la langue latine ; en effet, on ne sauroit imaginer un style et des expressions plus chargées de mots barbares et mal sonnans.

3 HŒPFNER, §. 156.

4 Période 1.re, ch. 1.er

cette prérogative fut attachée à la dignité d'évêque. Ces prélats, par une constitution de Justinien[1], furent déclarés *sui juris*. Il ne seroit pas convenable, dit ce prince, que ceux qui sont les pères spirituels de tant de fidèles, fussent encore soumis à une puissance humaine : *Qui enim omnium sunt spirituales patres, quomodo sub aliorum potestate consistant ?*

Justinien n'en resta pas là ; il voulut aussi que plusieurs dignités séculières emportassent le privilége de faire sortir de la puissance paternelle. La première de ces dignités fut celle de *patrice*. Il ne faut point confondre les patrices du temps de Constantin le Grand et de Justinien avec les *patriciens* de la république, opposés aux *plébéiens*. Institués par Constantin et investis de grands priviléges[2], ces patrices étoient au nombre des premiers personnages de l'État. Les préfets du prétoire étoient même obligés de leur céder le pas, et les patrices avoient la même puissance que ces préfets. Une preuve de l'autorité dont ils jouissoient, est que Charlemagne lui-même porta ce titre avant d'avoir été sacré empereur des Romains en 800[3]. Justinien, par une loi des Institutes[4], les déclara *sui juris*.

Dans la suite il exempta encore de la puissance paternelle les consuls, les consulaires, les préfets du prétoire et de la ville, les chefs de la cavalerie (*magistros equitum*) et les administrateurs du trésor (*patronos fisci*)[5], sans que cette exemption portât préjudice à leurs droits sur la succession de leurs parens.[6]

---

1 Nov. 81, ch. 3.

2 Zos. *Hist. l.* 2, *c.* 40.

3 Koch, Tableau des révolutions de l'Europe, t. I.ᵉʳ, p. 58.

4 §. 4 *Inst. quib. mod. jus pat. pot. solv.*

5 Novelle 81, ch. 1.ᵉʳ Il y allègue des motifs à peu près semblables à ceux de la loi en faveur des évêques, en disant que des personnes qui gouvernent tant d'hommes, ne doivent être soumis qu'au prince. *Cf. L. 66 C. de decurionibus et filiis eorum.*

6 Novelle 81, ch. 2.

Mais le père pouvoit aussi perdre la puissance paternelle en punition de différens délits ; savoir :

1.º Lorsqu'il vouloit obliger ses filles à se prostituer publiquement : elles pouvoient alors se pourvoir devant l'évêque, qui étoit juge compétent de ces espèces de délits. [1]

2.º S'il exposoit ses enfans. [2]

3.º S'il contractoit un mariage qui le rendît coupable d'inceste. [3] La législation de Justinien tendoit plutôt à écarter qu'à encourager les secondes noces ; permises, à la vérité, elles étoient envisagées comme odieuses, ainsi que le prouvent les termes défavorables dans lesquels les lois en parlent.

---

1 L. 12 C. de episcopali audientia.
2 L. 2 C. de infant. exposit.
3. Novelle 12, ch. 2.

FIN.

THÈSES DE DROIT FRANÇOIS. [1]

I.

Chacun des cohéritiers est solidairement obligé de garantir son cohéritier de l'éviction qu'il pourroit souffrir par suite d'une attaque judiciaire.

II.

Cette solidarité s'étend même au-delà de la portion héréditaire, au cas que cette dernière ne suffise pas, pourvu que la succession ait été acceptée purement et simplement.

III.

L'insolvabilité survenue ou originaire de l'un des cohéritiers préjudicie à tous les autres, et même à celui qui exerce l'action en garantie, au *prorata* de leurs portions héréditaires.

IV.

La prescription prononcée par l'article 886 n'est relative qu'aux débiteurs d'une rente, et cela envers les créanciers de cette rente ; tandis que la solidarité dont il est question plus haut, ne s'éteint jamais, et concerne seulement les cohéritiers d'une succession.

V.

La rescision du partage peut avoir lieu pour trois causes différentes : la violence, le dol et la lésion.

---

1 Au vœu de la loi, je dois ajouter à ma dissertation des thèses sur le Droit françois, n'ayant jusqu'ici traité que du Droit romain. Les matières que j'ai tirées au sort, sont la garantie des lots, et la rescision en matière de partage des successions.

VI.

Il y a lieu à fin de non-recevoir contre les deux premières causes, si celui contre lequel le dol ou la violence a été exercé, a aliéné son lot en tout ou en partie, depuis la découverte du dol ou la cessation de la violence.

VII.

Pour qu'il y ait lésion en matière de partage, il faut qu'elle soit de plus du quart de la valeur effective de la chose au moment même du partage.

VIII.

La disposition de l'article 891 est aussi applicable à la demande en rescision pour cause de dol ou de violence, par la raison que cet article ne renferme pas de distinction; sauf toutefois l'action criminelle, s'il y échet, et les dommages-intérêts de la partie civile, s'il y a lieu.

IX.

L'action en rescision de partage se prescrit par trente ans révolus depuis le partage.

X.

Cette action est portée devant le tribunal du lieu de l'ouverture de la succession qui en a fait naître l'occasion.

TABLE DES MATIÈRES.

15